三山村志

LOCAL RECORDS OF SANSHAN

江苏省苏州市吴中区东山镇三山村志编纂委员会　编

图书在版编目（CIP）数据

三山村志 / 江苏省苏州市吴中区东山镇三山村志编纂委员会编 . -- 北京：方志出版社，2018.11
（中国名村志丛书）
ISBN 978-7-5144-3277-0

Ⅰ. ①三… Ⅱ. ①江… Ⅲ. ①村史—苏州 Ⅳ. ① K295.35

中国版本图书馆 CIP 数据核字（2018）第 214414 号

· 中国名村志丛书 ·

三山村志

编　　者：江苏省苏州市吴中区东山镇三山村志编纂委员会
责任编辑：刘　珊

出 版 人：冀祥德
出 版 者：方志出版社
地址　北京市朝阳区潘家园东里 9 号（国家方志馆 4 层）
邮编　100021
网址　http：//www.fzph.org
发　　行：方志出版社图书经销中心
电话　（010）67110500
经　　销：各地新华书店
排　　版：北京纺印图文设计制作有限公司
印　　刷：北京中科印刷有限公司

开　　本：787 × 1092　1/16
印　　张：14.75
字　　数：296 千字
版　　次：2018 年 11 月第 1 版　2018 年 11 月第 1 次印刷

ISBN 978-7-5144-3277-0　定价：119.00 元

◉ 序一

中共十九大报告明确提出："坚定文化自信，推动社会主义文化繁荣兴盛。""没有高度的文化自信，没有文化的繁荣兴盛，就没有中华民族伟大复兴。要坚持中国特色社会主义文化发展道路，激发全民族文化创新创造活力，建设社会主义文化强国。"编修地方志是中华民族千百年来的固有传统，留下了浩如烟海的历史文献，承担着传承中华文明、发掘历史智慧的重任，发挥着存史、育人、资政的作用。

在习近平新时代中国特色社会主义思想指引下，在增强文化自信、推动传统文化创造性转化、创新性发展背景下，全国地方志事业迎来了开拓创新与转型升级的重要机遇期。中国地方志指导小组及其办公室组织实施的中国名村志文化工程，用中国独有的文化载体——地方志，来记录乡村的"名"和"特"，记录乡村全面建成小康社会的进程和取得的成就，是地方志围绕以人民为中心开拓创新的具体举措，是传承乡土文化、坚定文化自信、加快建设社会主义文化强国的内在要求，是服务乡村振兴战略、加快全面建成小康社会、推进社会主义现代化建设、实现中华民族伟大复兴中国梦的应有之义。

实施中国名村志文化工程，是方志人贯彻落实习近平总书记"农村要留得住绿水青山，系得住乡愁"重要讲话精神的重要举措。"望得见山、看得见水、记得住乡愁……"习近平总书记用诗意的语言为中国的新农村建设指明了方向。开展新农村建设、美丽乡村建设，一定要把绿水青山保留下来，尽可能在原有村庄形态上改善农民生活条件，不盲目拆旧，也不盲目造新，让家乡的每一条河、每一棵树、每一口井，都能永远成为我们的乡愁。这是我们弘扬传统、面向未来的底气所在。那么，如何留住乡音、乡风、乡思，继承传统文化菁华，挖掘历史智慧，成为极其重要的工作。实施中国名村志文化工程，保护抢救、传承保存、开发利用宝贵的村落文化，重新唤起人们记忆中古老村落的青山绿水、小河大树、轶事掌故，打造完整记录乡村发展嬗变和现代化农村经济社会运行模式的系列中国名村志丛书，让乡土文化回归并为困惑的当代人提供精神家园，让农耕文化的优秀菁华成为建构农村文明的底色，无疑具有重要的现实意义和深远的历史意义。

实施中国名村志文化工程，是方志人贯彻落实党中央乡村振兴战略的鲜活实践。中共十八大以来，以习近平同志为核心的党中央高度重视农业、农村、农民工作，提出了许多新理念、新思想、新战略，特别是中共十九大报告作出实施乡村振兴战略的重大部署。2018 年 9 月 26 日，中共中央、国务院印发《乡村振兴战略规划（2018—2022 年）》，明确提出“鼓励乡村史志修编”。深入推进中国名村志文化工程，有利于全面翔实记录乡村振兴进程，客观记载地理环境、历史沿革、姓氏源流、人口、民族、方言、民居、宗祠、风俗习惯、家谱族谱、家规族规、宗教信仰、文物遗址、掌故传说、历史事件、人物等，完整保留乡土文化的原貌。所有这些工作，可以为延伸地方志工作触角，充分发挥志书存史、育人、资政功能提供借鉴；可以为社会各界和华人华侨、港澳台同胞寻根问祖、反哺桑梓、泽被乡里提供帮助。依托中国名村志文化工程的重要平台与载体，乡村振兴战略下的现代乡村将进一步挖掘自身独特内涵，彰显其新时代的作用及意义。

中国名村志文化工程从新时代中国特色社会主义的新需求出发，创新体例，立足实际，内容既严谨又通俗，展示了不同地区自然和社会风貌，在坚持志体基础上运用专题报告、回忆录、人物访谈、新闻资料等多种手法，重点介绍农村地区在转型发展方面的探索、示范、引领意义，对于不断提高地方志事业围绕中心服务大局的能力，为乡村改革发展贡献历史智慧，讲好中国故事，彰显中国软实力，增强“四个自信”等方面具有积极意义。

两年来，在借鉴中国名镇志丛书及各地乡镇（村）志宝贵编纂经验的基础上，中国名村志丛书编修不断取得丰硕成果，产生了良好的社会效益，新一批中国名村志的申报数量、覆盖范围延续强劲增长态势，充分体现出强大的内生动力。下一步，要总结经验、把握规律，为服务国家城镇化建设和乡村振兴战略打造更多优秀文明成果，推动中华优秀传统文化创造性转化和创新性发展，从中提炼出适合新时代、新形势、新变化、新要求的文化精髓，展现中国方志的当代价值和世界意义。

是为序。

中国社会科学院院长　　谢伏瞻
中国地方志指导小组组长

◉ 序二

连绵不断地编修地方志是中国独有的优秀文化传统，承担着赓续文明、传承文化的重任。保存至今的8000余种、10万余卷历代方志，蕴含着传统文化基因和海量文化信息，既是中华优秀传统文化的重要组成部分，又是传承、彰显中华优秀传统文化的重要载体。

在各种类型的地方志编纂中，村志编纂古已有之，但从未进入国家层面的地方志编纂序列。新中国成立以来，党中央、国务院高度重视包括村志编纂在内的地方志工作，出台了重要文件。中央领导发表了重要讲话、作出了重要批示。习近平总书记高度重视包括村志编纂在内的地方志工作。2004年10月，他在担任浙江省委书记时到江山市凤林镇白沙村考察，看到村民编纂的《白沙村志》，鼓励村民把村志继续编纂下去。2014年4月，刘延东副总理在与第五次全国地方志工作会议部分会议代表座谈时指出："要结合发展的新形势，加强对地方志包括部门志、行业志、专题志、乡镇村志编纂的业务指导和服务。"2015年8月，国务院办公厅印发的《全国地方志事业发展规划纲要（2015—2020年）》，正式将中国名村志文化工程列为主要任务之一。2017年5月，中共中央办公厅、国务院办公厅印发的《国家"十三五"时期文化发展改革规划纲要》指出："完成省、市、县三级地方志书出版工作。开展旧志整理和部分有条件的镇志、村志编纂。"可以说，村志编纂迎来了历史上的最好时期。

农业、农村、农民"三农"问题，是数千年来影响中国社会发展最核心的问题。中共中央高度重视"三农"工作，从2004年起，连续13年，每年的中央1号文件都聚焦"三农"。中共十九大报告更是提出"农业农村农民问题是关系国计民生的根本性问题，必须始终把解决好'三农'问题作为全党工作重中之重"，特别是提出了"乡村振兴战略"，这是中国共产党在中国特色社会主义进入新时代后，对农村发展问题所做出的准确把握和与时俱进的战略应对，是建设中国特色社会主义强国战略的重要组成部分。改革开放近40年来，在党中央、国务院高度重视社会主义新农村建设的新形势下，各地涌现出一大批历史文化名村、经济强村、新农村建设示范（试点）村、美丽乡村和特色村，成为先进生产力和先进文化的代表。客观记录中国农村全面建成小康社会的进程，向后人展示在中国共产党领导下农村千年未有的巨变，是地方志工作者肩负的光荣而重大的历史使命。编纂中国名村志丛书，是记载当代中国农村发展变革的重要途径。

文化寻根，寻的是其发展的源头和根基。村落是中国传统文化的根基所在。农村的生产生活方式、社会规范、宗族文化、宗教文化、民风习俗、传统节日、民间艺术等，无不镌刻着中国人独特的民族性格，这就是家国情怀、文脉绵延、精神归属。在快速城镇化进程的冲击和开发性破坏下，大量传统村落面临消亡的危机，村落蕴含的历史文化信息也流失殆尽，抢救性保护刻不容缓。编纂中国名村志丛书，是保存村落历史文化信息，抢救、保护村落文化最好的方式。

一方水土养一方人。家乡的山水草木、村间小巷、乡俗民情会在每个人心头留下深刻的烙印，这就是故土情结。而村落的形成与发展离不开人的活动。编纂中国名村志丛书，通过记述村落建筑、名门望族来追溯村落的历史；通过记述村落规模、布局、人口、物产等反映人口来源、宗族兴衰、生活习惯、文化背景、宗教信仰、经济发展等，体现环境与人相互影响、相互作用、相互发展的既矛盾又统一的关系；通过记述戏剧、音乐、舞蹈、美术、文学、手工技艺等文化形式，展示百姓在长期的生产生活实践中摸索和总结出的智慧结晶，强化人们沟通感情的纽带。编纂中国名村志丛书，是传承乡俗、诉说乡音、记住乡愁、纾解乡思，激活历史传统、唤起共同文化记忆、塑造共同心灵认同的重要文化工程。

中国名村志文化工程以践行文化自信、传承中华文脉、彰显时代发展为己任，以打造全国地方志系统的重要品牌为目标，在体裁运用、篇目设置、资料选择等方面进行大量的创新，突出“名”和“特”，拣选各个名村中最值得记述、最具有代表性的人、事、物，予以浓墨重彩的描画，从而形成系列的、高质量的、可读性强、雅俗共赏的地方志读本，让地方志紧接地气、贴近百姓，让地方志成果进入寻常百姓家，让人民群众共享地方志成果，让越来越多的人从地方志中感知传统、历史和记忆，成为传统村落和传统文化的守护者，成为中华优秀文化的传承者。

是为序。

中国社会科学院原院长
中国地方志指导小组原组长　王伟光

◉ 序三

习近平总书记指出：“让居民望得见山，看得见水，记得住乡愁。”这句富有诗意的重要论述不仅唤醒了中国人城镇化建设过程中对于人和自然关系、人和历史关系的思考，同时也引发了学界对“乡愁”进一步进行文化意义解读的兴趣。从本质上看，乡愁是一种源自主体体验的情感，隐含了一种人们带着乡愁追寻自我生存与生命意义、追寻诗意栖居的精神家园的美学思辨。同时，这种追寻自我生存的主体逐渐转向大众群体，乡愁也由传统单一的“文化乡愁”“爱国情怀”演变为对于“理想家园”的精神追求。

中国有近 60 万个村庄，约有 5000 个古村落，被住房城乡建设部和国家文物局界定的传统村落就有 1561 个。随着中国城镇化步伐的加快，乡村的版图日渐凋敝，大批农村青壮年劳动力走进城镇，融入了新的生活。然而，每逢传统佳节，那种挥之不去的离愁别绪挟裹着亿万农民工，又融入了返乡的滚滚洪流。这是乡愁的情愫牵动着他们，是故乡的山、故乡的水、故乡的老屋、故乡的小吃在牵动着他们，是故乡家家户户的楹联和口口相传的故事，以及只有在隆重的传统佳节才有的古老的民风习俗在牵动着他们。

文化可以体现一个民族、一个国家、一个社会的重量与体温，这是文化的力量之所在，而村落是传统中国的根脉所系，乡土社会是最能够体现中国传统文化特征的地方。梁漱溟曾指出：“中国文化是以乡村为本，以乡村为重，所以中国文化的根就是乡村。”我曾在《建设社会主义新农村的理论与实践》一书中指出，在新农村建设的过程中，必须“保护和发展有地方和民族特色的优秀传统文化，创新农村文化生活的载体和手段，满足农民群众多层次、多方面的精神文化需求”，而编纂村志尤其是实施中国名村志文化工程就是一个重要举措。实施中国名村志文化工程，编纂中国名村志丛书，以最基层的村落为研究对象，寻根传统村落的历史，梳理村落的发展脉络，以唤起人们的归属感和认同感，探索新型城镇化和社会主义新农村建设过程中，如何留住乡音、乡风、乡思，继承传统文化精华，挖掘丰富历史智慧，是贯彻落实中央城镇化工作会议精神和中共十九大提出的“乡村振兴战略”的重要举措，是当前和今后一个时期全国地方志工作者的重要工作。

虽然村落文化正在日益远离当下生活，但我们可以抓住诸如基本村情、文物胜迹、古村保护、特色文化、旅游名胜、村域经济、风土民情、村民生活、新农村建设、艺文杂记、名人与名村等关键内容，通过志书的手法来诠释乡村文化的精华。我们如实记录着村落里的人和事，以及青山绿水、小河大树、袅袅炊烟，力争以最完整、最原真的方式呈现村落的前世今生。我们要为“迷失”的人留住乡村文化的根脉，让人们难以割舍的乡愁得以慰藉和释放。

中国名村志文化工程将触角伸向那些极具代表性的村落，它们有的历史悠久、名人辈出，有的经济腾飞、重获新生，有的风景秀丽、景观独特，有的地处边陲、神秘莫测……我们挖掘中国不同类型村落的发展之路，为探索新型城镇化和社会主义新农村建设的发展经验、发展模式、前进道路提供历史智慧和现实借鉴。因此，打造以重在表现乡村嬗变为主旨的中国名村志丛书十分必要和迫切，这是一项功在当代、利在千秋的文化工程。

近年来，随着中国经济社会的发展和国际地位的提高，越来越多的人想要认识中国、了解中国、研究中国。在这样的形势下，乡村是不可或缺的一环，我们要集中讲好发生在乡村的故事，向世界呈现一个多元的、立体的中国。乡村历经岁月变迁的风雨，见证着改革开放的步伐，寄托着数代中国人的情感。发生在乡村的故事无疑是血肉丰满的、震撼人心的、引起共鸣的。我们应该有这个自信能够讲好乡村故事，讲好中国故事，描绘出中国的底色，“让每一个中国人都能在地方志中找到自己的位置”。

可喜的是，越来越多的有识之士认识到了这一点，加入到保护、传承、发展村落文化的队伍中来。仅就编纂中国名村志丛书来看，第一批的申报范围就涵盖包括香港特别行政区在内的32个地区，申报数量高达70余部。“直笔著信史，彰善引风气，为当代提供资政辅治之参考，为后世留下堪存堪鉴之记述”，这是我们的初心和使命。希望中国名村志文化工程的实施，能够带动更多的人关注中国乡村文化，为社会主义文化强国建设作出更大的贡献。也希望越来越多的名村都来融入继承中华文化传统、颂扬中华传统文化的活动中，让正能量更多地润泽温暖人们的心灵，让更多的人“记得住乡愁”！

是为序。

中国社会科学院副院长
中国地方志指导小组常务副组长 李培林

◉ 中国名村志文化工程专家委员会

◉ 中国名村志文化工程学术委员会

◉ 江苏省苏州市吴中区东山镇三山村志编纂委员会

主　任　吴惠生

副主任　姚　洪　孟　峰

委　员　丁王强　李文贤　薛　峰　朱崇福

　　　　潘祖俭

◉ 江苏省苏州市吴中区东山镇三山村志编辑部

主　　编　吴惠生

副 主 编　姚　洪　孟　峰

执行主编　孟　峰

撰　　稿　孟　峰　尹　平　吴靖宇　朱　红

　　　　　朱　军　朱崇福

编　　务　朱崇福　潘惠忠　夏骏马

摄　　影　秦伟根　郑思年　鲍建国　丁卫东

　　　　　孟宇轩　潘惠忠　孟　峰

三山朝霞

◉ 中国名村志丛书凡例

一、以马克思列宁主义、毛泽东思想、邓小平理论、“三个代表”重要思想、科学发展观、习近平新时代中国特色社会主义思想为指导，坚持辩证唯物主义和历史唯物主义的立场、观点和方法，存真求实，全面、客观、系统记述中国名村村落发展变化进程和改革开放成果，传承和抢救乡土历史文化，激发爱国爱乡情怀，留住乡愁，为探索中国特色新型城镇化建设、服务乡村振兴战略提供历史智慧和现实借鉴。

二、为全面反映入志事物发展脉络，各志上限尽量追溯至事物发端，下限一般断至各村志启动编修年份，个别重大事项可延至搁笔。详今明古，着重反映时代特色和地方特点，重点体现各村的“名”与“特”。

三、记述地域范围以下限年份的行政辖区为主。为体现名村在更大区域内的意义，可以从更开阔的区域视野记述与该村相关的内容。

四、统一采用纲目体，设类目、分目、条目三个层次。横排门类，纵述史实，述而不论。

五、综合运用述、记、志、传、图、表、录等各种体裁，以志体为主。体裁运用适当创新，篇目设置不求面面俱到，一般意义上的村级内容略去不载。

六、除引用文字和附录文献资料外，统一使用规范的现代语体文记述，行文力求朴实、严谨、简洁、流畅、优美，具有较强可读性。

七、人物部类遵循“生不立传”原则，人物传主按生年排序，只选录对本村发展有重大影响的人物，不面面俱到。

八、各项数据一般采用国家统计部门数据。数据缺乏的，采用主管部门或主办单位正式提供的数据。

九、数字用法、标点符号、计量单位分别执行国家标准《出版物上数字用法》

（GB/T 15835—2011）、《标点符号用法》（GB/T 15834—2011）、《国际单位制及其应用》（GB 3100—1993）和《有关量、单位、符号的一般原则》（GB 3101—1993）。历史上使用的计量单位，如斗、石、里、尺、磅、华氏度等，在引文时可照录。考虑到社会使用习惯，全书中亩不统一换算。

十、中华民国成立前的纪年，使用朝代年号纪年，括注公元年份；中华民国成立后的纪年，均使用公元纪年。志中所称“解放前（后）”，以该村解放日为界；“新中国成立前（后）”，以中华人民共和国成立日 1949 年 10 月 1 日为界；“改革开放前（后）”，以 1978 年 12 月中共十一届三中全会召开为界。本志“××年代”，凡未加世纪者，均指 20 世纪。

十一、为节省篇幅，避免重复，本志采用条目互见法。参见条目的表示形式为：参见本志“××类目·××分目·××条目”。

十二、对旧志、古籍中的繁体字、冷僻字一般用简化字或通用字替换，易引起误解的则保留。

十三、记述各个历史时期的党派、机构、职务、地名等，均以当时的名称为准。对频繁使用的名称，首次用全称并括注简称，其后用简称。

十四、各村志需要单独说明的事项，均在各自编纂始末中记述。

三山村在中国的位置

三山村
吴中区
北京
天津
上海
乌鲁木齐
新疆维吾尔自治区
西藏自治区
拉萨
青海省
西宁
甘肃省
兰州
内蒙古自治区
呼和浩特
宁夏回族自治区
银川
黑龙江省
哈尔滨
吉林省
长春
辽宁省
沈阳
北京市
天津市
河北省
石家庄
山西省
太原
山东省
济南
陕西省
西安
河南省
郑州
江苏省
南京
安徽省
合肥
上海市
浙江省
杭州
湖北省
武汉
四川省
成都
重庆市
重庆
湖南省
长沙
江西省
南昌
福建省
福州
贵州省
贵阳
云南省
昆明
广西壮族自治区
南宁
广东省
广州
香港
澳门
海南省
海口
海南岛
台湾省
台北
台湾岛
钓鱼岛
赤尾屿
东沙群岛
西沙群岛
永兴岛
中沙群岛
黄岩岛
南沙群岛
曾母暗沙
黄海
东海
南海
渤海
黄河
长江
图例
北京 首都
天津 省级行政中心
未定 国界
省、自治区、直辖市界
特别行政区界
名村所在县级区域
名村
1：32 000 000
审图号：GS（2018）2667号

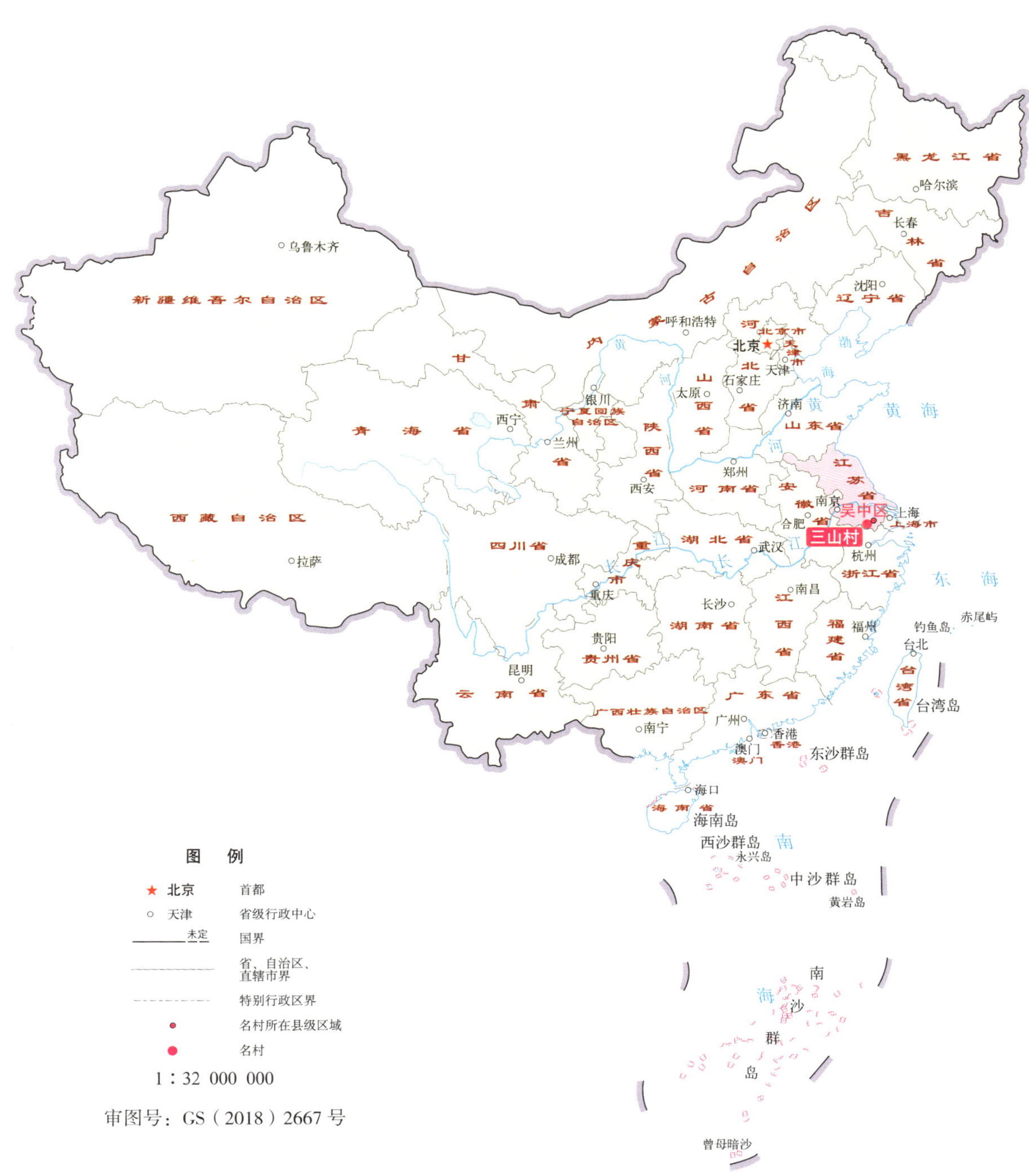

三山村在江苏省的位置

丰县
沛县
贾汪区
鼓楼区
徐州
铜山区
徐州市
邳州
睢宁
新沂
东海
赣榆区
连云区
东西连岛
连云港
连云港市
灌云
沭阳
宿迁
宿豫区
宿迁市
灌南
响水
滨海
阜宁
射阳
涟水
泗阳
淮阴区
淮安
淮安区
淮安市
泗洪
洪泽区
洪泽湖
盱眙
金湖
宝应
建湖
盐城
盐都区
盐城市
大丰区
兴化
东台
高邮
扬州市
泰州市
姜堰区
泰州
海安
江都区
广陵区
扬州
仪征
高港区
泰兴
如皋
如东
南通市
通州区
南通
海门
启东
六合区
浦口区
栖霞区
南京
江宁区
南京市
镇江
丹徒区
句容
丹阳
镇江市
扬中
靖江
江阴
张家港
常熟
太仓
昆山
相城区
苏州
吴中区
吴江区
东山镇
苏州市
三山村
常州
武进区
金坛区
常州市
惠山区
锡山区
无锡
无锡市
宜兴
溧阳
溧水区
高淳区
太湖
黄海
长江
图　例
南京　省级行政中心
苏州　地级市行政中心
溧阳　县级行政中心
省界
地级市界
名村所在县级区域
名村所在乡镇
名村
1∶3 060 000
审图号：GS（2018）2667 号

三山村平面示意图

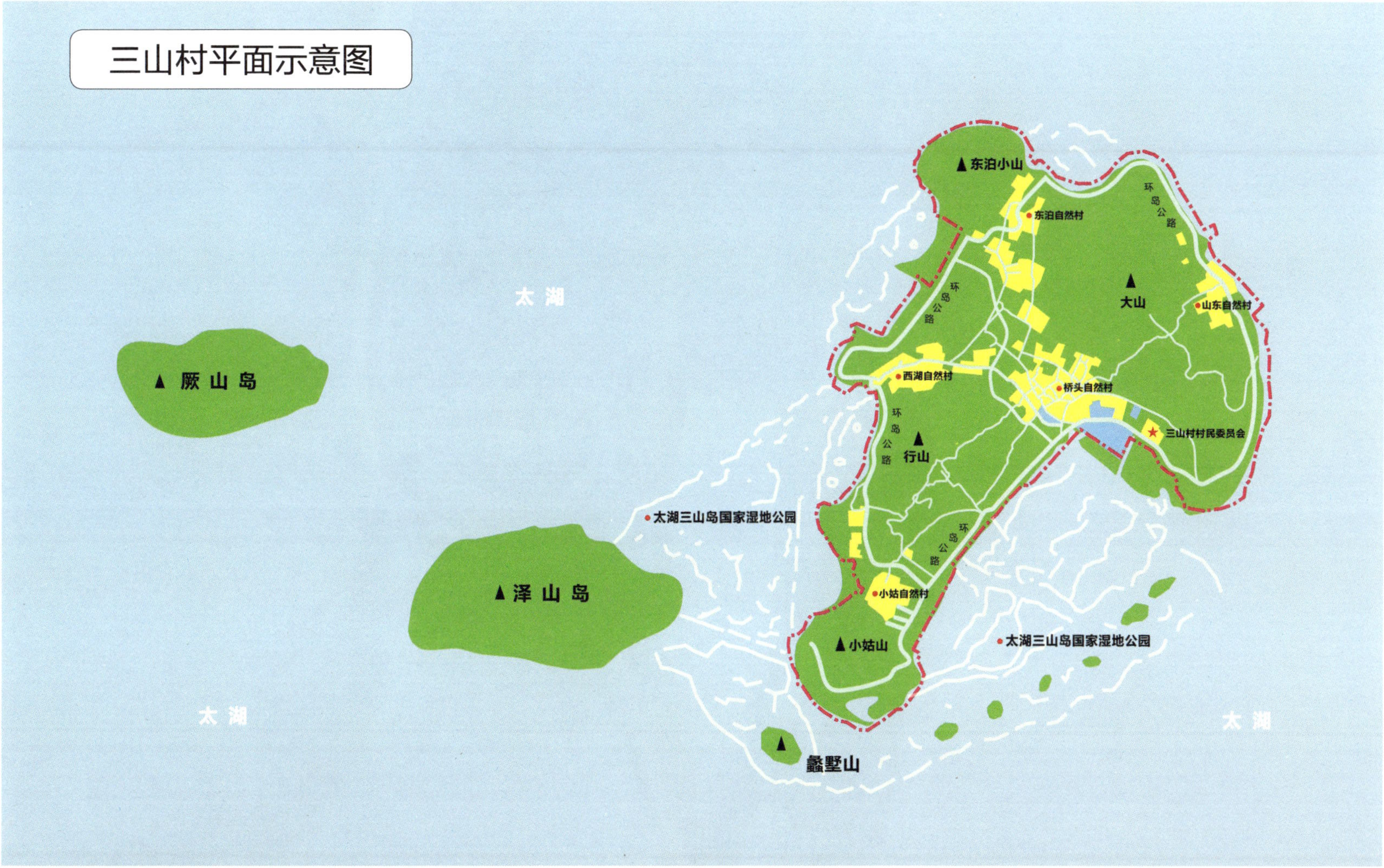

三山岛鸟瞰

金色晚霞

水乡泽国

湖岛人家

中国最美休闲乡村

江苏苏州市吴中区三山村

中华人民共和国农业部

二〇一四年十月

全国农业旅游示范点

DEMONSTRATION BASE OF NATIONAL AGRICULTURAL TOURISM

全国工农业旅游示范点评定委员会

AAAAA

国家级旅游景区

NATIONAL TOURIST ATTRACTION

全国旅游景区质量等级评定委员会

三山所获部分荣誉称号

◉ 目录

太湖蓬莱三山岛

三山一景

“三山半落青山外，一水中浮蓬莱洲。”改用李白的诗句来形容被称为“太湖蓬莱”的三山岛，好似清人吴庄“长圻龙气接三山，泽厥绵延一望间”的诗句更为来劲。太湖美，固然美在太湖水，但太湖的山、太湖的岛及山上、岛上所承载的历史霜华，何尝不更美轮美奂？

“人猿相揖别，只几个石头磨过，小儿时节。”伫立在入岛处猿人塑像前，偷吃两粒挂在树上的“马眼枣”，眼前浮现出三山岛先民在石器时代“打磨石头”的场景，口中回味出他们渔猎生活的滋味。如果说猿人头像直揭了三山岛遗世独立的特别主题，那么同一主题的历史坐标则为纯由自然造化而默默掩藏于行山之上。

“先有三山人，后有苏州城；要问吴地源，三山是根本。”77 岁、土生土长的“老土导”毛遂自荐地当起我们的导游。是的，三山岛的地质遗存、的确可以证明吴地山形水色的成因，这在业界是为共识。而三山岛北山、行山、小姑山三峰相连，泽山、厥山、蠡墅山，一衣带水，两相顾盼，共同描画出 2.8 平方千米的山水之美、太湖绝胜。

山道危危。凡“一线天”者皆有数分奇险，而此处的一线天，像座天梯，是从山顶飘下的一根“丝线”。一线天下曾是一座寺庙，而今只有一尊观音独立守望。仿佛要证明三山岛的亘古荣光，“老土导”把我们导到一个火山喷发口。这个火山喷发口紧依一线天下山壁，“是300万年前留下的，有好几十米深哪，三山人从来没有见过底”。口呈圆形，直径当有三米，清澈见底的水虽满不溢，几条红鲤和其他游鱼在几朵睡莲间左穿右行，上浮下沉，悠游于这个由地质运动构建的时光隧道，自由自在。

“到三山岛一定再要去看石头。”“老土导”一声号令，率先爬上一线天的天梯，向山顶进发。我们头踵相接，手足并用，还没忘回身眺望太湖美景。“那边是吴江，那边是七都。”“老土导”边说边摇指隔湖的东、南方向。火山喷发时的场景仍在我心中荡漾，这时只得把频道切换到眼前美景。尚未来得及分享，“老土导”已经把我们带到了“四世同堂石”前，“轰隆一声海开花，一颗巨石从天下；四世同堂不老石；行山之上最牛叉！”这真是一块价值连城的奇石，层层叠压，苔藓斑驳，虽留原始粗糙之形，却潜玲珑剔透之心，在一圈围栏里默默地上证天地之心的无限神奇，下证三山岛前世沧桑和后世奇诡。专家数番考证，认为这是研究岩石成因的巨石标本，太湖成因全在此石中。我们凭栏转圈，激情俯视。“最下层三亿六千年、第三层两亿八千年、第二层八万年、最上一层四万年”，石分四层，颜分四色，质地四种，故谓“四世同堂”。这

太湖三山岛国家湿地公园一景

样的石头，世界上极其少有。我突然发现最下层的石头有着钻石般的质地、形状和光华。“是玉？是钻？”“老土导”随手指向西北侧的一座山壁，“喏，那些石头再过一万年就变成玉了？”“真的？”“不是我说的，是专家说的。”这座山壁紧挨四世同堂石。我戴上老花镜，仔细审视，发现它们质地紧密细腻，泛出乳白色泽。宇宙之机，造化无穷；天地之玄，神奇莫测！我想有这样的一块玉，因为一万年太久，倘我也能化为石头，是我的万幸。神思之情，让我流连许久，不肯移步。

皇帝有没看过“四世同堂”？确有皇帝从三山岛上弄走了许多花石纲。这是一个名叫“蓬莱”的亭子，翘角飞檐，虽油漆斑驳，却因立于美丽风景中愈见气象。享受亭中凉风，远眺太湖，极目水天，湖州、宜兴全收眼底；近视足下，是一片采石场遗址。宋徽宗是个“文皇帝”，书画皆绝，一笔瘦金书或许深受“瘦漏透皱”太湖石启迪，自创成一种书体，而他对花石纲的酷爱，也使天下受扰，三山不安。“道君皇帝”广采过多少花石纲？延福宫和艮岳叠垒过多少太湖石？海拔七八十米高的一座山被从中间拦腰整体挖断，采石场旧址几乎可以跑马！但天地有好生之德，已将片片葱茏覆盖了山壁。当年南宋君臣蹈海，十万子民跟随，开创了中国经济、文化、科技极顶之光的一代赵宋，颓然倾覆于蒙元屠刀，这能说与沦为金囚的道君皇帝无关吗？一种控诉仿佛从采石场乱石残壁中迸出，无边的太湖水也发出阵阵哀歌……

板壁峰，像一块薄薄的板子屹立在行山西南，侧观成峰，正观如壁。侧面西望，太湖如烟，水面如镜，泽山、厥山分列左右，夕阳西下时，天上有个太阳，水中有个太阳，而板壁峰从中取势，似一笔神来，把天地宇宙、自然山水之美丽、之机巧、之玄妙，全都不露声色与形迹地轻松袒露在这水日同辉的世界，从300万年前直到亿万年之后的永远！人们来到它的面前，焉可不心生震撼、膜拜与敬仰之情？

“三山岛上镇山宝，四世同堂板壁俏。火山不喷薪火在，行山不高人仰高。”登上渡轮，重回东山长圻码头，回首再望三山岛，蓬莱身藏水天里，三山飘落青天外。我留给三山什么？三山留给我什么？天地崩裂、山川演变、宇宙神奇、人类发展的密码，原来就在那蓬莱阁、青天外！膜拜，我把膜拜留在了那里！

《吴江日报》原编辑室主任　陈林春

基本村情

太湖，古称震泽、具区，又名五湖、笠泽。湖中有72峰，面积36000顷，最高峰为洞庭西山的缥缈峰，西山之东，与水相隔七八千米处，有一长条形半岛，为洞庭东山。历史上，东山是全岛，后因沙地逐渐扩张，至19世纪中叶，与北部的陆地渡口相连接，变成如今的半岛，世称太湖东、西洞庭山。

三山岛是太湖72峰之一，处洞庭东、西两山南端之间，又被称为洞庭山，因历史上曾与西山石公、林屋、镇夏等处，同属浙江省湖州市乌程县洞庭乡。明人蔡升《震泽编》称："包山（西山地名）之南厥山、三山、泽山曰玄宫里，洞庭乡。"所述即此。位居洞庭东、西山之间的三山，距离东、西山最近处仅三四千米，因此，"太湖东、西洞庭山"，系由三山岛而分东、西。

三山岛一角

◉ 村落形成

三山岛位于洞庭东山西南 3.5 千米处的太湖之中，居江浙两省交界处，洞庭东、西两山之间，扼苏、湖、杭、锡太湖航道及申芜运河咽喉，曾是太湖航运驿站，古有“太湖驿站”之称。三山为苏州市吴中区东山镇下辖行政村，北山、行山、小姑山三峰相连，周边泽山、厥山、小雷山、蠡墅山群岛罗列，山青林茂，仿佛传说中的海上仙山。唐大历年间（766—779），张志和绘《太湖三山图》，并将其献给时任湖州刺史的颜真卿。颜真卿看后题诗云：“蓬壶仿佛而隐见，天水微茫而昭合”，于是，三山岛有了“小蓬莱”的美誉。

建置沿革　三山历史悠久，早在一万多年前的旧石器时代晚期就有原始人类居住。商末（约公元前 11 世纪），周太王之子泰伯、仲雍在太湖畔（今无锡梅里）建句吴国，三山在其境内。东周敬王十一年（前 509），吴王阖闾令伍子胥筑苏州城，三山属吴国。东周元王三年（前 473），越王勾践灭吴，三山属越国。东周赧王九年（前 306），楚国灭越国，取江南地，三山为楚境。秦将王翦于秦王政二十四年（前 223）灭楚。秦王政二十五年（前 222）设吴县，三山始有地名。唐开元二十八年（740），三山岛划属湖州吴兴。北宋政和三年（1113），三山隶属湖州乌程。南宋沿之。元代按宋制。明洪武五年（1372），三山划为吴县。清咸丰十年（1860），东山改隶浙江军，又属湖州，三山从属。同年六月，太平军占领苏州。次年攻占东山，设东珊县，县治驻东山，三山属东珊县。同治二年（1863），太平军撤离东山，东山复属太湖厅，三山从属。1912年，废太湖厅，东山归属吴县，三山随之。1949年后，东山隶属苏南行政公署太湖区行政办事处，三山从属。1951年，撤太湖区行政办事处，东山划归震泽县，三山随之。1958年，成立洞庭人民公社，三山属洞庭人民公社。1959年，撤震泽县建置，东山并入吴县，三山属吴县。1983年，撤销公社，恢复乡、村建置，设东山乡人民政府，三山属东山乡。1985年，撤乡设镇，成立东山镇人民政府，三山属东山镇。人民公社时期，曾一度更名为洞庭人民公社晓光大队。1983年11月，更名为东山乡晓光村。同年12月，复名三山村。1995年7月，吴县撤县设市，三山随之。2001年2月，撤吴县市，设苏州市吴中区、相城区，东山隶属苏州市吴中区，三山属东山镇下辖行政村。

区位面积　三山行政村位于太湖中部，由三山、泽山、厥山、小雷山、蠡墅山等岛屿簇拥而成，是太湖最大的群岛村落。东北方向距苏州古城约55千米，西南方向距浙江湖州35千米。距东山长圻码头、金庭石公山码头均为3千米左右，素以“三吴（江苏吴县、吴江，浙江吴兴）之芯”而著称。

全村总面积约2.8平方千米，其中主岛面积约1.8平方千米，东西长1.8千米，南北

东泊码头

宽 1 千米，最高海拔 83.3 米；泽山岛面积 0.6 平方千米，东西长 0.88 千米，南北宽 0.5 千米，最高海拔 68.8 米；厥山岛面积 0.4 平方千米，东西长 0.8 千米，南北宽 0.4 千米，最高海拔 40 米。

村名由来 据史籍记载，因三山村主岛上北山、行山、小姑山三峰并列，又因其与泽山、厥山两岛相邻，故而得名三山村。三山村风光旖旎，地貌独特，又有笔架山、小蓬莱、珊山岛、三山口、三山峡等别称。

村落格局 三山岛作为太湖中的独岛，承担着往来交通驿站的功能，长久以来形成人烟聚集于码头的格局，以桥头、山东、东泊、西湖、小姑码头为中心，形成不同姓氏集聚的自然村落。村落整体分布于三山之间的谷地中，其格局特点是围绕着古码头纵深拓展，拥有开阔水面的湖湾区，优点是水流较缓，视野开阔，避免风浪正面冲击，便于船只停靠。码头是旧时对外交通联系较直接、重要的地方，也是当时重要的公共活动场所与商贸交易平台，往来商贾与物资汇聚于此。村民为了出行便捷与商品交换便利，以码头为依托，聚居在其周边地区，逐渐形成围绕码头的古村落布局。三山岛岛民喜阳恶阴，房屋多朝南，但旧时岛民认为只有金銮殿和官府及寺庙才能取“子午向”，故多数房屋朝南偏东或偏西 2° ~ 10° 。

村落格局

三山岛由北峰（俗称北山）、中峰（俗称行山）、南峰（俗称小姑山）三座山峰构成，地形起伏多变，北山有龙头山、南山、山东山、老虎山、上横山和东泊大山，每座山峰西北均延伸出一个小山坡，如北峰有清风岭（俗称东泊小山），中峰有断山，南峰有杨家山。据此，三山岛岛民因地制宜，注重山水自然环境的组合。因此建房时，人们同时要考虑背山面水的原则，以东泊和山东两个自然村最为典型，多数房屋朝东修筑。可见，三山岛的传统民居在定位和定向上既有与山水的结合，又有村落朝向布局的组合。在现存民居建筑中，年代最早的建于明清时期，岛上民居空间格局呈“三山两谷”[①]，民居建筑主要集中于两谷和环岛的沿岸，村庄聚落具有线性布局和散落分布相结合的特征。三山岛桥头村建在大山和行山之间开阔的边坡谷地，地势相对较低，为解决积水排涝问题，早在明代便开凿排水河渠，沿西北和东南向贯通岛屿，穿村而过，连接桥头村和西湖村，村民将其称为“长江”。沿河民居建筑则依山枕水，聚水而居。

自然村落

三山村现自然村均分布在三山岛上。历史上，厥山岛曾住有以张、许、施氏为主的70多户村民，泽山岛上曾住有以曹、黄、秦氏为主的30多户村民。1952年前，村民陆续全部迁入三山岛，分别安置在各个自然村。

三山历史上曾有“七堡”之说，分别是东泊堡、桥头堡、西湖堡、小姑堡、山东堡、上横堡、下横堡。解放后，上横堡与东泊堡合并，下横堡与桥头堡合并，现共有东泊、桥头、西湖、小姑、山东5个自然村落。

东泊 位于三山岛西北端，占地面积54公顷，耕地面积42公顷，为第一村民小组，50户，214人，主要姓氏为许、查。

桥头 位于三山岛东南部、北山西南脚下，占地面积64公顷，耕地面积33公顷，为第二村民小组和第六村民小组，135户，245人，主要姓氏为黄、许、秦、沈。

西湖 位于三山岛西端，与东泊以李家桥为界，占地面积94公顷（其中泽山60公顷、厥山34公顷），耕地面积40公顷，为第三村民小组，58户，160人，主要姓氏为秦、黄。

小姑 位于三山岛西南端、行山与小姑山之间，占地面积52公顷（其中厥山14.7公顷），耕地面积28公顷，为第四村民小组，43户，169人，主要姓氏为吴、秦。

山东 位于三山岛东北端，占地面积19公顷，耕地面积6.8公顷，20户，56人，

① “三山两谷”：“三山”即北山、行山、小姑山，“两谷”即三山之间自然形成的两个小盆地。

为第五村民小组，主要姓氏为潘、倪、夏。

◉ 自然环境

地势地貌 三山岛与洞庭东、西两山一样，均为浙江天目山的余脉。三山岛地势北高南低，依次排列着北山、行山、小姑山三座山峰，湖岛北宽南窄，形成三角状，其势突兀峭拔。石灰岩山顶浑圆，山坡平缓微凸，坡度为 15° 左右。山坡呈现石芽、溶沟等溶蚀微地貌表象，山岩裂隙中为少量薄层土壤。北山海拔 83.3 米，因处于三山主岛北侧而得名。行山海拔 74.4 米，因有娘娘菩萨行宫而得名。另有一说，旧时吴越丝绸业发达，三山人养蚕种桑，行山脚下为桑叶集市，人们每天早上鸣钟报行，在此交换桑叶行情，久而久之，此山被称为行山。小姑山海拔 45.7 米，据清《太湖备考》载，春秋时阖闾任太子，选妃于三山岛，有吴氏三姐妹入宫为妃，其中一人生女胜玉，为吴王夫差的皇姑，后为纪念皇姑胜玉，故得名小姑山。

地质 三山位于洞庭向斜褶皱地带西南端，因自然侵蚀，呈石灰岩丘陵地貌。核部

丘陵地貌

由三叠系青龙群至石炭系黄龙组诸地层组成，部分被太湖水淹覆。三山岛最早出现的岩层是泥盆纪晚泥盆世五通组石英砂岩，主要分布在小姑山南侧的连柱山上；北山、行山、小姑山及泽山西北隅等处的栖霞石灰岩，三山岛西北侧的东泊、西湖两座小山及泽山、厥山的晚侏罗纪时代的火山岩，其岩石留有火山角砾岩、流纹质凝灰熔岩、凝灰质粉砂岩。学界认为，三山独特的地质构成，由晚侏罗纪时火山运动而成。

土壤　石灰土主要分布在三山、泽山等岛屿，母质为二迭系石灰岩。坡积地层和局部土层较厚，土壤质地黏重，多为黏壤土和黏土，小块状结构，内有胶膜，颜色呈棕红、棕黄，少量呈棕灰色。其土壤有机质含量较高。山体石灰岩裸露，仅裂隙间有薄层土壤，山麓地带土层较厚，属石灰性黄标壤，棕红色，质地黏重，夹有石灰岩碎屑，呈微碱性。黏粒含量30％的为轻黏土，土壤中性偏碱，pH值7～8，适宜花木林果栽植。

三山岛银杏林

岛屿

三山岛位于距苏州城西南约50千米处的太湖之中，是太湖最大的群岛村落，由泽山、厥山、小雷山、蠡墅山等岛屿拥簇而成。

岛屿

泽山岛 又名小云台，与厥山岛隔水相峙，间距800千米，距三山主岛1千米。泽山全岛面积0.6平方千米，最高海拔68.8米，东西长0.88千米，南北宽0.5千米。土壤为红黄土，植被为杂草灌木，种有橘树、水稻等。古时泽山人口较少，据《太湖备考》载："泽山，在三山西一里。居民数十家，以花果为业。"民国初，岛上仍有居民。抗战时期，岛民逐渐外迁至三山岛居住。

厥山岛 位于三山岛西南3.5千米处，面积0.4平方千米，最高海拔40米，东西长0.8千米，南北宽0.4千米。土壤为红黄土，土质肥沃，植被为灌木与芦苇等。年平均气温略高于三山、泽山，故岛上花果及其他农作物的成熟期要比其他岛早一周左右。据南宋嘉泰《吴兴志》引吴均《入东记》，岛名因"吴有陆厥，尝家于此"而得。

厥山自古就有人居住，据《太湖备考》载："厥山与泽山近，居民六七十家，以花果为业。"《乡志类稿》中有"居民约五六十户，面积三百九十八亩"的记载。直至抗战爆发，岛民才逐渐迁移至三山岛定居，一部分人到外地谋生，建筑逐渐被拆，厥山开始衰落。民国初，有居民六七十户。现居三山岛上的张、许、施、杨等姓村民，许多都是当年祖居厥山的大族。

小雷山 太湖有大雷山和小雷山，故有"太湖双子岛"之称，为江苏水域的标志山。2000年8月，东山镇人民政府在该岛上立石牌一块，标有"吴县市东山镇人民政府"。小雷山距三山主岛约10千米，面积约0.02平方千米，位于浙江湖州与江苏的分界处。《太湖备考》载："小雷山，《太湖志》：'在洞庭山西南。'《乌程志》：'在县北三十八里，去钱口二十里，无居人，山侧有矶，曰小雷矶。'"

蠡墅山 又名连柱山，位于小姑山西南约250米处，长不足100米，宽10米左右，面积仅666.6平方米左右，顶部海拔5.7米。由含砾石英砂岩构成，土壤为红黄土。历来无人居住。据清乾隆《吴县志》引任昉《述异记》载："洞庭湖上有钓洲，昔蠡乘舟至此，遇风止钓于洲上，刻石记焉。"故后人称其为蠡墅山。又传，因蠡墅岛近侧即为西施水葬台，故而隐迹于五湖之中的范蠡经常孤身前往这座人迹罕至的小岛，以解哀思之情。

水葬台 又名梳妆台、孤亭，位于三山岛东南100米处，面积600平方米。地面低平，高出湖面不足一米，高水位时沉没。地面上有石灰岩条石，植被为芦苇、杨树。

河流

三山岛中间高、两端低，雨水可直泻太湖，难以蓄水，故仅有桥头浜、荷花江 2 条河流。

桥头浜 位于桥头自然村，长约 150 米，口宽 10.10 米。两岸由巨型青黄石叠砌而成，西岸有青石条砌筑的河道，上竖缆船用的石柱，边沿凿有可拴缆绳的象鼻石孔。桥头浜湾阔大，面向东南，且湖底淤泥软烂阻锚，是天然的避风锚地。

荷花江 又名长江，位于桥头自然村、西湖自然村和东泊自然村的交界处，长 500 米，最宽处 8 米。

气候

三山地处北亚热带，具有明显的季风气候特点。气候温暖湿润，日照充足，雨水充沛。春季冷暖多变，阴雨连绵；夏季炎热多雨；秋季秋高气爽；冬季寒冷少雨。

气温 境内年平均气温为 16.1℃，1 月平均气温 3.7℃，极端最低气温 −8.3℃（1977 年 1 月 31 日）；7 月平均气温 28.1℃，极端最高气温 39.8℃（2013 年 8 月 9 日）。月平均气温最低为 −1.4℃（1977 年 1 月），月平均气温最高为 36.1℃（2013 年 7 月）。

日照 年平均日照时数为 2177.7 小时，日照百分率达 49%。季节分配，以夏季最高，秋春次之，冬季最低。日照最强的 8 月，其日照时数可达月均值的 1.6 倍以上；而最弱的 2 月，则尚不足月均值的 1/2。

降水 年平均降水量为 1139 毫米，最大年降水量 1699.7 毫米（1999 年），汛期（6—9 月）平均降水量为 565.7 毫米，最大为 1118 毫米（1962 年），最小为 205.7 毫米（1967 年）。最大日降水量达 291.8 毫米（1960 年）。全年平均降水天数为 133.9 天，最多的是 1977 年，为 154 天；最少的是 1971 年，为 104 天。全年有 3 个较明显的雨季，即 4 月、5 月的春雨，6 月、7 月的梅雨和 9 月的秋雨。

梅雨期 每年 6—7 月江南梅子成熟季节，常有一段阴雨天气，称为梅雨。三山平均入梅日为 6 月 24 日，平均出梅日为 7 月 10 日，平均梅雨天数为 20 天，平均梅雨量为 218.1 毫米，最多为 1999 年的 746.6 毫米，最少为 2005 年的 14.3 毫米。

矿产

太湖石 三山岛地质构成为石灰岩，为海相沉积型，岩石质地坚硬，二叠纪栖霞组灰岩受太湖溶蚀形成形态奇特的灰岩，即太湖石，也称花石，又称文石，是一种观赏性极佳的石灰岩，也是岩溶地区常见的岩石体，形态各异，柔曲圆润，玲珑多窍，大小有致。主要用于建造园林假山。自唐代起，三山岛一直都是太湖石的重要产区之一。北宋年间，大办花石纲，时属湖州乌程的三山岛即被纳入主要采伐地，据史载：宋代苏州府就曾在三山岛设水牢，利用犯人采石，清代建颐和园时也曾在此采石，历来有“三山之胜在于石”之说。至今，岛上尚留有北宋花石纲遗址、板壁峰等多处当年采掠留下的遗址遗迹。

石灰石　1985年前，三山岛石灰岩因质地纯正，一直被当作是东山镇（时称洞庭人民公社）重要的化工原料和建筑材料的采集地。20世纪60年代，兴办五角咀石矿。70年代，又兴办小姑山石矿、东泊石矿等石灰石矿，年开采量达3万多吨，年总收入在百万元以上。

燧石　主要分布于小姑山周边。在山体裸露结构中，可清晰看到岩体结构的灰岩中含有燧石条带或燧石团块，积久而为美丽奇石，岛人称之为“花卷石”。

◉ 人口宗族

人口　历史上，三山曾多次进行行政区划调整，兼之地处太湖中心，多有兵灾匪患骚扰，以及在不同时期经济形态不断变化，因而造成了三山的人口变动较其他地区略大。据清康熙《具区志》载，三山人口最稠密时期为康熙年间（1662—1722），“三十六都在三山、泽山、厥山统图三。属洞庭乡，户六百十二，口三千零一十二”。至1950年，据太湖办事处统计，三山直属村有165户，598人。根据全国人口普查资料显示：1953年，三山乡人口为538人；1956年，有176户，575人；1963年，有600余人；1965年，有183户，783人；1985年，有265户，920人；2000年，有265户，811人；2015年，有296户，849人。

据2016年统计，全村295户，849人，其中90岁以上老人6人，是太湖流域的“长寿之村”之一。

2016年三山村90岁以上老人一览表

表1

姓名	性别	出生日期	住址
秦定珍	女	1918年4月1日	东山镇三山村（6）桥头69号
吴金兴	男	1924年8月5日	东山镇三山村（3）西湖39号
李金娜	女	1925年4月16日	东山镇三山村（4）小姑41号
秦凤娥	女	1925年12月22日	东山镇三山村（3）西湖24号
许宝妹	女	1926年5月26日	东山镇三山村（1）东泊4号
黄惠莲	女	1926年12月4日	东山镇三山村（1）东泊16号

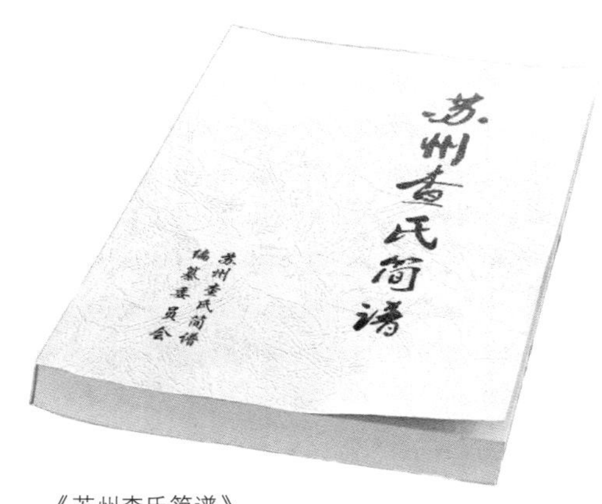

《苏州查氏简谱》

姓氏　近一百多年来，三山因躲避战乱、外出谋生等原因，曾有许多人先后举家迁居外地，如三山顾姓、厥山陆姓以及西湖蒋姓、桥头密姓等族大都只剩厥山、蒋家浜、密家坟的地名及传说，其源已难再溯。同时，因联姻、迁徙等因素，姓氏发生了很大变化。至 2016 年，岛上共有姓氏 36 个，其中秦姓最多，为 117 人。

七堡八姓五十堂

三山自古便有“七堡八姓五十堂”之称，意指全岛有 7 个堡（自然村），每堡聚居几十户；姓氏中大姓有 8 个：吴、秦、查、潘、许、张、黄、薛；大户人家共有 50 余户，均建有深宅大院，题有堂号。主要分列如下：

吴氏　三山小姑吴氏，据现存清康熙七年（1668）吴氏墓志铭记载，系吴王族季札（又称延陵季子）一支之后。季札让国后，其支迁隐于三山，世居小姑堡南。由此可见，吴氏迁入三山岛年代最为久远。另据苏州市规划设计研究院所编《苏州市东山镇三山岛古村落保护与建设规划》，三山岛最早的外来移民始于苏州建城之前。岛上大部分吴姓村民，其祖先曾因辅助夏禹治太湖水患有功而受到过封赐。吴姓家族独立成村，迄今已有 2700 多年。与此相印证，三山岛不但有始建于春秋时期的吴妃祠遗迹，而且小姑 85% 的村民为吴姓，国际吴氏宗亲会也曾多次前来举行寻根活动。

吴氏建于小姑的荆茂堂，系清代建筑。据传，从前有吴氏两兄弟要分家，房屋、田地等家产都已分完，唯有门前一棵荆树无法分割。两人商定，等明年把荆树锯掉卖钱后再分，但未等两人锯树，这棵荆树便慢慢枯萎。两人见此情景，感到诧异：莫非树通人心，得知要锯掉它，所以开始枯萎？于是顿悟：草木尚且如此，人非草木，决定不再锯

荆茂堂正门

荆茂堂走廊的琵琶撑

荆树，而是保存祖上这唯一的共同财产。不久之后，枯萎的荆树又萌发新芽，生机盎然，故有“荆树重茂”的典故。吴氏用该典故告诫子孙：兄弟情同手足，不要斤斤计较，闹别扭，伤感情。

乾隆年间（1736—1795），荆茂堂前进由大房、三房居住，二房搬至弄堂对面新建的房屋，即震远堂，其厅堂今已坍塌。后进楼房犹在，雕花门楼在20世纪60年代损毁。四房则迁至震远堂旁的荆盛堂，今已坍塌，无遗迹。

震远堂南侧有一排七楼七底，其后有七间灶间，据传，二房有兄弟七人；四房住屋在震远堂北侧，规模较小。

荆茂堂后进有道光年间（1821—1850）建造的五开间，五楼五底加两侧双厢房，库房是一座保存较好的砖雕门楼，上有“竹苞松茂”四字，为清俭堂黄鲲所书。中间天井宽敞，采光好。楼北侧有四间灶间，造屋主人吴毅英因经营旱烟而发迹，他有七子一女共八房，原本还想再造四间灶间，屋基石已排好，因主人病逝作罢。

秦氏　三山秦氏是洞庭西山秦氏分支，为三山吴、秦两大姓之一。今已改建为三山文物馆的原秦家祠堂内，存有已断为数截的三山秦氏宗祠记碑，清晰记述了三山秦氏家族在清中叶以前的源流。清代以前，秦氏的辈分排行不统一。道光年间续修家谱时才规定从淮海公三十二世起，拟定二十字排行：元（三十二世）、本、惟、忠、孝、启、佑、以、诗、书、永、怀、光、学、士、保、世、有、合、图（五十一世）。

秦家祠堂外景

秦家祠堂正门

新中国成立后，秦氏后裔有的当教师，有的在岛务农。今三山的后裔已传到第三十二代。

附 1：三山秦氏家谱（节选）[①]

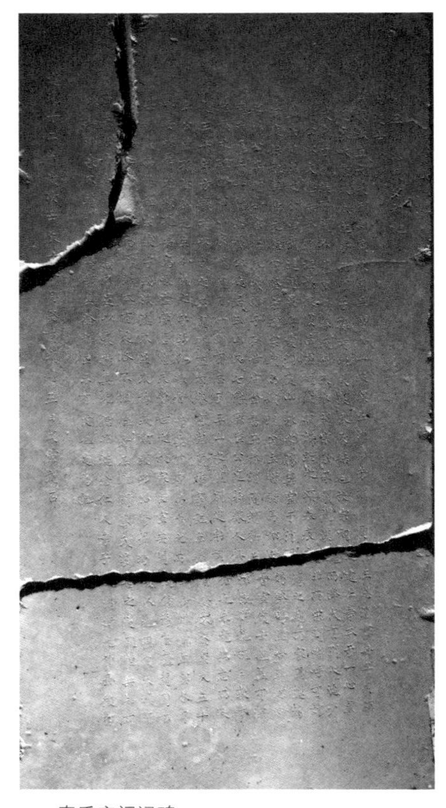
秦氏宗祠记碑

1. 洞庭支秦氏溯源

历经战乱，族谱荡尽，家史难考。幸吴中尚存洞庭秦氏族谱两部：苏州博物馆一部同治版，后代秦少康一部道光续修原版，因之补充了祠堂碑文的不足。

江南支的始祖是宋代著名文学家秦观（少游）。观于宋元符三年自贬所召还，于归途中在广西滕州病逝。由子处度公湛奉少游公灵柩，暂厝于潭州（长沙）外祖处。越十年，处度公通判常州，遂迁葬少游公于无锡，不再作归高邮祖籍计。并以此将家族定居于江南常州和无锡。

三传益之公，宋绍熙时由晋陵（常州）徙居吴兴临平，营别业于义皋。他曾游洞庭，爱山水之胜，遂建别墅消夏湾之安仁乡，卒葬缥缈峰下飞仙山之阴。子君显公守墓于此遂卜居焉，并更乡名为秦家堡，是为洞庭支。洞庭支又分东、西秦，明月，督公三支。三山支是明代初由石公支延传过来者。

2. 三山秦氏祠堂原貌

传浩养公卒后，其后代在三山建造祠堂一所（西山人称为三山分祠），有大厅三间、客厅六间、厨房三间，规模不小，相当壮观。大门建有立体的砖雕门楼，里外八字形，门楼高大，其后园内砌有石雕花台二座，很精美。登级进厅，正中匾额上书“永范兰台”四大字。唐人诗文中习称秘书省为兰台——故此四字是弘扬纪念秦观而题。三间厅堂上方都是磨光方砖的万年台，木雕门

① 由三山秦氏后人三十世孙秦敬慈撰写。

面，是供灵位之所。其后代代相接，座级上灵位标立，从这可见秦氏在三山岛的昌盛。

3. 若干族规

为了不致乱宗，族里规定：凡子孙均可入谱，但有与宗法相违与理法相悖者，则不载其名。另外还有不载名于谱的五条规矩：异姓来继者不载，出继异姓者不载，流为异端及贱役者不载，身陷不肖甘作匪类事者不载；又，遭削黜者永远不载。除名籍者只除本身不及血亲。还有下殇不载，中殇则存名于父名之下，十六岁以上得书生卒。

族规又规定男性出赘者，所生后代，虽承继女方之姓，仍是秦氏之后，生了女儿赘了女婿其后代虽姓秦，但不属秦氏后代，日后死亡了，也不能享有灵位进祠堂的权利；如果有一房断了后代，规定有近房去继承家业。

附 2：秦氏后代和三山的建业[①]

浩养公的后代有三堂，一叫“德凝堂”，一叫“继善堂”，一叫“宝善堂”。规模都不小，都建有走马楼、小花园。从历史情况来推测，这三堂的人都是经商发迹的。少游公二十七代，正当太平天国时期，天国势力对岛上秦氏有一定的侵扰，伤亡不小，迫使秦氏外窜浙江桐乡、平湖、长兴等地。“继善堂”，一房开大店一爿，号“秦大昌”；“宝善堂”，一房实况不详；“德凝堂”，这房是我的祖辈，有一点清楚记忆：二十七世的秦松圃，是我曾祖，太平天国时期他一人乘船渡太湖出走长兴时，遇上天国战兵，不幸跌入湖中，幸船主相救，才到浙江长兴县合溪镇立足，后来创店一家，号“永兴昌”。当时虽然规模不大，但实为后代奠定了经商基础。传至他的长子二十八世的秦子林，此先人是一位杰出的经商者，擅长经营烟草加工，由此立业发达成名于地方。一时营业发展很快，店里最盛时用职工六十多人，远近闻名，皆称“永兴昌”是湖州出西门第一爿大店。他购地十亩，大兴土木，建造高楼大厦，把“德凝堂”改为他的号名叫“道本堂”。

① 本文据《三山秦氏家谱》。

合溪是一条三十千米长的长溪，流经此镇注入太湖，溪水把镇分成南北两方。原来沟通溪水两边的只有大木桥一座，山洪泛滥时常被冲毁，南北交通阻断。后来秦子林独资兴建铁桥一座，使它牢固地架在长溪上。他命名叫桥头，直到现在，合溪人仍叫它市桥头。秦子林信仰耶稣教，又独资建教堂一座，受其影响，当地信教较多。随着时光的推移，秦氏“永兴昌”资金积累越来越多，于是又作新的投资，购田地三百多亩创办蚕桑业。

树大根深，叶落归根，秦子林不忘故乡三山，创办“不负堂”义帐救助机构，对三山贫困户提供死后的棺材（三山人通称“赐材”）。又因本岛交通闭塞，孩子读书有很大困难，他从合溪送来几十套课桌椅，为三山教育事业作出了贡献。他对同族的失业者，尽量吸收到他的“永兴昌”去帮忙，使其免受失业的困苦。

民国早年“齐罗交战”（浙江军阀齐燮元和江苏军阀罗永祥混战）之后，太湖中湖匪甚多，秦子林就命其家在三山岛的侄子秦维坎在三山建立保卫团，由他提供枪支弹药。由秦维坎领导的保卫团，在抗击湖匪的斗争中，作为很出色，远近闻名，所以湖匪闻之，无论大股小股都很避忌三山岛了。

黄氏　三山桥头清俭堂黄氏，源于浙江省湖州市长兴县泗安镇。乾隆二年（1737），

清俭堂风火墙

清俭堂门楼

黄氏子弟黄发祥发迹之后，便在老家三山桥头建造了一座清俭堂，以示不忘源出。该堂有三进宅院，前厅后楼60余间，有花园，总面积1000余平方米，是三山现存古建筑中最大的一栋。

潘氏 三山山东师俭堂潘氏，始于今河南荥阳，南迁至浙江湖州东门外毗山脚下槐溪旁。潘氏在当地是有名的大族，明嘉靖年间（1522—1566）出过一位尚书——潘季驯，字时良，进士，累官太子太保、工部尚书兼右都御史。曾任总理河道都御史，四奉治河命，前后27年，习知地形险易，增筑防设，置官建闸，河水安流，居民赖之。后乞休归。著有《两河管见》三卷。

师俭堂外景

师俭堂风火墙

师俭堂潘氏约在乾隆年间（1736—1795）迁入三山，据门楼砖雕文字记载，师俭堂建于辛酉年，即嘉庆六年（1801），堂名取自西汉丞相萧何名言“子孙贤，师吾俭”。建造者潘尔丰是位商人，主要经营大米，开米行兼营糕团熟食点心店，在上海宝山、嘉定、真如、松江一带生意兴隆。乾隆五十九年（1794），当地发生饥荒，饿殍遍野，大批难民涌入城镇。潘尔丰大开粮仓，沿途置锅，施粥救灾，共捐大米300石，安定了当地社会治安，受到宝山县衙的表彰，特授潘尔丰“宜敦周急”匾额一块，现保存完好。潘尔丰经营米行发迹后，回乡为其父潘永锡修了一座大墓，俗称五进头坟。后被拆除，砖头及条石用于生产队造猪舍。潘尔丰还把几代直系亲属的祖墓都迁到三山葬在一起，建造了一座五穴台的墓，潘家人称南小坟。后来还为自己和子孙建造了一栋大宅院，前厅、后楼二进，共计26间，占地533.36平方米。

从潘尔丰至今，三山潘氏已传九代。

查氏 据《苏州查氏简谱》载：东山三山岛处在烟波浩渺的南太湖之中，四面环水，周边群岛罗列，错落有致，风光秀丽。查氏家族就居住在清风岭东南畔东泊自然村，有近百人，为明朝中后期迁入，其中一支系出浙江海宁（含嘉兴），一支来自江苏常州。查氏古宅乐善堂，现存门屋、住楼前后二进，乾隆年间所建。正房为明代所建，共有一百多间，咸丰十年（1860）太平天国忠王李秀成兵败逃亡时烧毁。现存乐善堂书房的砖雕门楼。

查氏门楼砖雕——欢天喜地

另有素行堂前后二进楼房，五楹，前后楼过道相通，均为明代建筑。祖上清代时有人为官，屋内曾发现一颗官帽上的蓝顶珠和四只钦赐的将军标。善贻堂也为明代所建，规模宏大，有正房几十间，内、外花园，现已翻建新房。查国元家存有皇家银牌（出入宫门用）和皇帝赠花瓶，以示皇家恩典。

据考，三山查氏族人由浙江迁入时间较早，从海宁迁入为明代中期，由常州、无锡迁入则在清代中后期。

附 3：三山岛查氏族谱调查情况（节选）

本岛查姓人家，基本上住在东泊村，其他小姑村、山东村、桥头村、西湖村都有查姓，其中东泊村查姓占全岛查姓人口的多数。其中比较集中的查姓，如乐善堂、勤宜堂、敦和堂、善贻堂、素行堂。

目前，房屋和祖居在岛上，外出经商、打工的比较多。这次统计入编新谱的，出自善贻堂浙江太湖伍浦支的有二支，出自乐善堂浙江海宁南支的有二支，出自素行堂浙江海宁支的有一支。此五支的人数比较多，到岛迁入时间也比较早，其余零星散支大多是小支，尚有散姓查氏自常州等处迁来的基本没有祖谱，不知道来处和迁入时间，目前无法统计入谱。

岛上查姓人氏基本自元末明初逐步移入，因浙江到岛比较方便，故海宁查氏来得较早，其中乐善堂奕山太公，应是海宁南支。“奕”本属辈谱排字，而没有编入老谱中，说明其上一、二代那时已经从海宁外迁，当时应该在元末明初，在此建房。素行堂老辈也来得较早，太湖伍浦支应稍晚一点到，这一支称他们的老祖宗可能是蒙古人，用木桶挑着小孩来的，因明义军见蒙古人即杀，他们就改为查姓，几代都与汉族通姻。众说纷纭。

根据查姓各堂原有屋地的建造情况来看，当时祖辈较为富裕，房屋很多，太平天国时烧毁大片民居较多（据称烧了三天三夜），但遗迹尚存，可知当时查姓还是比较多的。调查中发现有一石碑，目前遗存在娘娘庙门前。内容为当时禁止勒索限定工价，查氏族人与岛上名人集体去官府要求，得批准同意并刻碑为据，说明当时查姓已在岛上有许多义举。石碑刻有“特授江南苏州府太湖分府加五级纪录五次张榜宪禁至善再叩勒碑（碑未具）乾隆六年六月六日示”的字样。

链接：乐善堂查家[①]

我母亲十一岁就到乐善堂查家当童养媳，祖父早亡，父亲在浙江长兴，湖州等地学生意谋生，因此我母亲和祖母相依为命。在一起干接麻纺线工作时，常听祖母说起家中往事，后来我母亲在忙罢农活后也讲一些给我们听。

听母亲说，我家和素行堂查氏都来自浙江海宁袁花，具体时间应在明代，因为我家被李秀成烧毁的正房是明代建筑，现在我住的祖上读书的书房前进和对照厅（已塌）也是明代建筑，这就说明我们三山查氏在明代就已迁至三山岛上了。

我母亲说在咸丰十年，忠王李秀成被清军击败，在逃亡途中经过三山岛时放了一把火，我家及查仁鸿和靠近码头的查家敦和堂等都化为灰烬，乐善堂里的一位老太太因为年迈而来不及逃生被活活烧死。留耕堂里有两位女子也因来不及逃生躲在夹弄里，也被烧死。

另外，听素行堂查国英说，东泊堡的房子全都是查姓人家的，其他姓氏都是买了查家的房子定居下来的，查家大宅数敦和堂最大，里面厅堂里的龙凤花烛点着后到门口去看，只有绿豆大小的火苗。

我家屋内砖雕门楼十分精致，乃江南少见，其内容有大器晚成、六十岁被皇上封为出将入相的唐朝郭子仪和姜太公八十遇文王封相，有志不在年高的秦

① 据乐善堂查兴仁口述整理。

朝甘露十二为丞相，有孔子问道中的老子耕田，有兰柯山半仙亭中遇南北斗二仙下棋的赵燕，有读尽天下书的蔡庸，还有和合二仙寒山拾得。画面中人物、动物栩栩如生，有口有牙，有眼有珠，身上的衣服有质感，须发如真的一样，脸部表情如真。

在我祖母年轻时，因为家境所迫，到湖州帮崔家带孩子，当时南浔庞家正在造花园，跟我祖母说，出资两万银圆，要买下我家门楼，但我祖母宁可帮佣，也不卖祖产。

我母亲虽没上过学，但对祖上传下来的家训记得很牢，经常说给我们听，如“一代高官十代穷，富贵荣华已享尽”“积钱与儿孙，不如积德与儿孙”“男子勤俭有饭吃，女子勤俭有衣穿”“只有懒人，没有懒地”“惜衣有衣穿，惜食有食吃”“过日子前不算，后要乱”“前世修来的好福气，善门人家做子孙”。我父亲也有训诫，因为他十二岁就去湖州秦家永兴昌商号学生意，因我们三山岛不管谁家，男儿满十二岁都要离开父母到外地学生意，先立业后成家，只有这样今后才可以养家。他教育我：“做人勿挑事，勿结冤，不怕凶，不欺善”“人待我八两，我待人一斤，不识字天下可去，不识人寸步难行”。

许氏　三山许氏共分五支，迁入时间不详。桥头自然村有许氏三支：仁寿堂许仁礼等一支，馀庆堂许惠林等一支，许志兴等一支。东泊自然村有正新堂许定良等一支。厥

仁寿堂外景

怡燕堂外景

山有四宜堂一支。后厥山许氏迁入三山岛，部分迁至东山长圻、杨湾，部分迁至西山。

张氏 三山张氏共分三支，迁入时间不详。东泊自然村有张氏两支：怡燕堂张枫岩一支，其后代张秉权为甲骨文专家；张聚生一支，民国初年由吴江庙港迁入。厥山有张氏一支。后厥山张氏迁入三山岛，部分迁至东山长圻、杨湾。后代张润之，民国时到日本留学，走实业救国道路，在上海开办厚生纱厂。其后代现居香港，20 世纪 80 年代初曾到三山寻祖，并乘当时的大队摆渡船绕厥山岛一周。

薛氏 三山薛氏于乾隆年间迁入三山岛，有念劬堂薛嘉荣、薛兆男等一支。后念劬堂又分出三凤堂薛氏和春在堂薛氏，现均居桥头自然村。薛云成等后迁至小姑自然村。桥头自然村建有薛家祠堂。

怡燕堂门楼

◉ 经济

三山自古就是水上古商埠，有“男人做生意，妇女织苎线，庄稼二户半，农商传门遍”的说法。男孩长到十二三岁，家里就委托城里有声望的三山人，做“荐头”（以介绍佣工为业的人），介绍到大小城镇（湖州、黎里等地）的商店学生意、当学徒，学成后便开店做老板，或返乡经商。所以，三山人一直都有“学而优则商”的理念。

明清时期，苏州经济繁荣，商贸发达，三山岛作为江苏苏州、无锡、常州，浙江杭州、嘉兴、湖州等地，尤其是“三吴”（江苏吴县、吴江，浙江吴兴）间的水上交通驿站，经济、商贸也十分兴盛，最鼎盛时，岛上人口达八百多户，五六千人。随着常住人口和流动人口的增多，“生意轧在人堆里”，精明的商人看到了商机，纷纷到岛上建筑码头、房屋，开设店铺、作坊。尤其是桥头、东泊两浜，集市兴盛，街道繁华，店铺林立。其中仅作坊就有石坊、糖坊、染坊、豆腐坊等，衣、食、住、行一应俱全。岛上最早的手工业也萌生在这一时期，其代表是印染布匹的染坊。至今仍存有当年染坊使用过的简单机器——青石榨床和两米深的青石窖坑。原料采用当地盛产的一种名叫“淀青”的植物，做法是将其压在青石窖坑中腌制、发酵，然后装在麻袋中用青石榨床榨干，将榨出来的汁水熬干，便成了天然染料。当时，岛上有大小几十家染坊。三山还是商贸集市，以顺济桥为中心，是商贾云聚之地。三桅、五桅甚至七桅渔船满载而归，渔市开市以鼓为号，卖鱼、买鱼者均以鼓声和之，街巷人声鼎沸，人头攒动，人声、鼓声、叫卖声，声声相和，声传百里之外，堪称“桥头渔鼓”。

染坊石件

染坊

三山古街顺济桥段

当时，居住在东山长圻，西山阳坞、石公的人赶集上街都会乘船到三山，把柴薪、花果等物产运至此出售，再从三山购回自己所需物品；还有人把孩子送到三山的店铺、作坊做学徒，学生意。东山民谚称："先有三山东泊港，后有东山杨湾街（东山古街，离三山最近的集镇）"，由此也证明了"三山门"当年的兴盛，同时也带动了"门"后东山地区的发展。耳濡目染，三山人在这样的环境中也学会了做生意。从明、清、民国直到解放，除了妇女留在家中"摇车接麻线（织渔网用的线）"外，三山的男人基本都在湖州、嘉兴、苏州、上海以商贸谋生，和洞庭东、西山商人合称"洞庭帮"，在当时的中国商界与徽商、晋商齐名。

三山妇女有一门传统副业——接麻线。麻线，俗称山线，分为并线、麻线和钩子线三种。接线时间主要在晚上，接得快的一天能接两三斤苎麻。夜晚，家中几乎都有接线的灯火：一张竹靠椅前放一个方凳，上置煤油灯用以照明；有时一个方凳围坐三四个人一起接线，既省油，又热闹。她们把苎麻扯成丝接起来，接得多了就上摇车，摇成线，晾干后梳理成方形的一小捆，叫一"屏"，数"屏"打成一大捆，送往湖州、苏州的专业麻线店出售，再由店家编织成渔网、罱泥网。这些店不但收购麻线，还有调换苎麻的业务，一般一斤线可调换一斤左右苎麻，调换多少随市场起落而定。20世纪40年代中期，市场价最高，一斤线可换三斤苎麻。三山麻线质量上乘，倍受店家青睐。所以，妇女们努力接线，用以贴补家用。生活宽裕人家还用出售麻线的钱购买金银首饰，以此保值。

三山经济兴于唐宋，盛于明清。岛上现存的石雕残件表明，当时岛上多寺庙，且都具有一定的规模。据现存的吴妃祠碑记载，到清嘉庆年间（1796—1820），岛上有500余户，3000多人，不包括南来北往的流动人口，其盛况可见一斑。清末，水上交通渐为陆路所取代，三山岛作为苏州、湖州水上枢纽的作用减弱，渐见式微。

新中国成立后，三山人弃商经农，特别是实行土地改革、农业合作化、人民公社、家庭联产承包责任制后，更是激发了农民的劳动热情，推动了农村经济的发展。进入21世纪后，随着三山岛通电，旅游开发，昔日的湖中孤岛焕发出勃勃生机，三山旅游业发展迅猛。2014年，村级收入首次超千万元，被吴中区授予“2014年度稳定收入超千万元村”的荣誉称号。至2015年，村级收入达2100万元，实现社会效益5600万元。2016年，村民人均纯收入4.17万元，集体资产达3.2亿元。

农业

三山仅有少量零星地块及滩涂，根据《吴县东山镇三山村基本农田保护区划定说明书》，1994年，共有土地资源318.3公顷，其中耕地面积149公顷，园地面积64公顷，林地面积42公顷，居民及工矿用地面积6.3公顷，交通用地面积1.3公顷，水域面积1.3公顷，其他占地面积54.4公顷。1994年，全村三业收入1104万元，年人均收入3080元。果树、茶叶等在农业中占有绝对的比重。仅1959—1961年，为度饥荒，水稻才有较大规模栽植。根据《震泽县东山区农业合作社早稻实收产量对比情况表》，早稻面积仅有15.4亩，实收产量3825.5千克，平均亩产212千克。

花果业 三山果木资源丰富，至明清时，已栽有茶叶、梅子、枇杷、杨梅、水蜜桃、马眼枣、石榴、白果、板栗、橘子等10多个品种，花果种植是村民的主要收入来源之一。20世纪60年代，各个生产队抓“五子登科”（梅子、茧子、枣子、橘子、橙子），以促进农业经济发展。90年代中期，梅子市场价为三块七角每斤。山东生产队可产梅子260多担，仅梅子收入一项，生产队60人一年的口粮即可全部解决。

养殖业 养殖业是三山的传统副业。随着时代的变迁，养殖品种不断变化，但村民的养殖传统延续至今。

养蚕　20世纪50年代，蚕茧是三山主要养殖品种，古时就有年年祭供蚕花娘娘

（复兴庵内）的习俗，三山蚕茧因“茧大丝滑”而闻名。1956 年 1 月 24 日，晓光农业合作社许芳宝作为震泽县代表，在江苏省高额丰产社代表会议上作典型发言，传授养蚕经验，受到了省政府表彰，奖品为一架大型双轮双铧犁。70 年代起，蚕桑业逐渐萎缩。

墨驼鸭

墨驼鸭　20 世纪 60 年代，引入外来家禽品种墨驼鸭。岛上环境适宜墨驼鸭繁殖，在半个多世纪的养殖史上，村民始终采取零散养殖、生态放养的养殖模式。墨驼鸭具有体形硕大、瘦肉率高、肉质鲜美等特点，现已成为三山的一道美味佳肴。

长毛兔

长毛兔　三山从 20 世纪 70 年代开始养殖长毛兔。80 年代初，在村民张柏年的引领示范下，形成规模化养殖。在江苏外贸部门的支持下，由时任大队长的黄经伦及兽医吴惠康专门负责。当时，吴县外贸公司浒关仓库的何平送来 2 只纯种西德种兔，一只交给了吴惠康，另一只交给了黄经纶。西德种兔和当地草兔的杂交获得成功，培育出了杂交一代、杂交二代、杂交三代、杂交四代长毛兔，其兔毛品质越来越好。每只兔一年可剪兔毛 5 次，实现经济收入 600 元左右，有着极高的经济价值。来自吴江七都、八都的兔毛商贩曾长期驻扎在三山，随时收购兔毛。1985 年发生兔疫，各地兔子纷纷病死，因三山岛是湖中孤岛，“与世隔绝”而未遭感染。村民张侣年借此在《农民日报》上连续刊登广告，全国各地的养兔专业户纷纷前来购买兔苗。此举为三山村民带来了可观收入，当时小兔 100 元 / 对，大兔 400 元 / 对。可观的经济收入激发了村民的养兔热情，可谓家家养兔，多的人家达 200 多只。兔舍也造得美观讲究，最高的达 4 层。年收入逾 2 万元，黄经伦、吴惠康、张柏年、夏根才、潘金星、汪寿发、潘承绮等人凭此成为万元户。

1990 年，由于国际市场兔毛收购价暴跌以及国内长毛兔养殖的无序竞争，长毛兔养殖这个在三山红火了十余年的“金副业”逐渐退出历史舞台。

工业 1963年，由三山村（晓光大队）在五角咀开办晓光大队青石矿。1970年后，又相继在小姑自然村、东泊自然村开设青石矿，年收入达百万元以上。但采石破坏了生态环境，经岛上的有识之士呼吁奔走，1984年，青石矿悉数关闭。

1978年中共十一届三中全会后，乡镇工业异军突起。20世纪80年代，苏州乡镇工业蓬勃发展，“无工不富”成为共识。三山人也紧跟时代步伐，开办了吴县思梅食品厂、吴县三联排印厂、印刷厂、工艺厂等数十家工厂，其中办得较好的是思梅食品厂（1991—1998年）。苏州出口日本盐渍梅的第一个集装箱，就是思梅食品厂的产品。由于厂内环境整洁，梅子质量好，生产工艺讲究，所以外销兴旺，第一年就赚了15万元。第二年扩大规模，新建4个腌梅池。三山的梅子供不应求，便到附近的西山收购了上万担，每担358元，是当时收购梅子的最高价。后因日本市场过剩，外销渠道萎缩，产品大量积压，思梅食品厂最终以亏损60万元倒闭。

吴县三联排印厂由三山村与上海印刷三厂、东山粮管所联营，后与苏州印刷总厂联营。之后，因三山岛缺电，只能搬到东山镇上，维持了近10年后关闭。其他企业也因远僻闭塞、交通不便、不通电、运输成本高等各种原因先后倒闭。

旅游业 1993年5月28日，三山第一个大型工程项目——先奇俱乐部破土动工。该项目预算超过千万元。合作双方为当时的吴县农工商总公司（不久改名先奇集团，是江苏省首家集团公司）和三山村。该项目由先奇集团投资，三山村以土地作股，联合组成先奇俱乐部，共同开发三山岛旅游。先奇俱乐部由时任吴县农工商总公司董事长杨景明出任董事长，三山村党支部书记吴惠生任副董事长、副总经理。俱乐部开业之初，每月的利润超过9万元。1997年夏，因亚洲金融危机爆发，国家宏观调控，压缩投资，收紧银根，先奇集团不堪重负，先奇俱乐部宣布倒闭。

2000年1月28日，三山岛通电，同时也迎来了湖岛历史性的发展机遇。经历了厂矿倒闭、项目投资失败，三山人决定充分利用历史文化和大自然赐予的美景，投身到旅游大潮中。

2001年6月，三山村为旅游开发做了一系列前期准备工作，编写了导游词，建造了十多间票亭，修建了娘娘庙到小姑村景区道路，将娘娘庙、狮身人面石、一线天、行山晨钟、板壁峰、宋代花石纲遗址等十大传统景点连成一线，还修缮了三山老街、娘娘庙、三峰寺、清俭堂、薛家祠堂等古迹。

2001年9月28日，三山旅游开发公司成立并正式营业。在桥头码头（当时的渡船停靠点）摆放两张课桌，由秦关明、吴新宝等卖出第一张门票，价格为 15 元，由杨其虎购得。至年底，门票收入达 6 万元。2002 年，门票价格调整为 25 元，旅游收入 67 万元，村级收入 69 万元，游客 2.6 万人次。2003 年，门票价格未变，旅游收入首次突破百万元，达 118 万元，村级收入 133 万元，游客 8 万人次。2007 年，门票价格调整为 45 元，旅游收入 423 万元，村级收入 441 万元，游客 27 万人次。2008 年，门票价格未变，旅游收入 450 万元，村级收入 588 万元，游客 18.8 万人次。2010 年，门票价格调整为 60 元，旅游收入 950 万元，村级收入首次突破千万元大关，达 1160 万元，游客 30 万人次。2014 年，门票价格调整为 78 元，旅游收入 1860 万元，村级收入首次突破两千万元大关，达 2108 万元，游客 40 万人次。2015 年，门票价格为 78 元，旅游收入 1450 万元，村级收入 2100 万元，游客 38 万人次。2016 年，门票价格为 78 元，旅游收入 1200 万元，村级收入 2750 万元，游客 32 万人次。

三山岛第一张门票正面

苏州太湖三山岛简介

三山岛第一张门票反面

至 2016 年，三山村先后被授予国家 AAAAA 级旅游景区、中国历史文化名村、中国传统村落、太湖三山岛国家湿地公园、国家地质公园、全国农业旅游示范点、中国最美休闲乡村（历史古村）、中国低碳旅游示范地、国家特色景观旅游名村、全国生态文化村 10 个国家级荣誉称号。

◉ 村民生活

收入与消费 新中国成立后，三山村民弃商从农，以生产队为单位，种植传统的碧螺春茶、枇杷、梅子、马眼枣等，以此作为主要经济来源。20 世纪 60 年代初，三山岛上开办了数家石矿，岛上几乎每户有一人在石矿工作。除了工分以外，每人每月还有 4~5 元补贴。至 1983 年春，实行家庭联产承包责任制，农民利用空闲的时间养殖长毛兔，曾盛极一时，长毛兔养殖使三山出现了许多万元户。2000 年后，以旅游开发为主业，家家户户从事与旅游相关的产业。综观三山村民的收入，主要由 3 个历史阶段组成：60 年代的石矿开采，80 年代的长毛兔养殖，2001 年后的旅游经济。

2001 年起，旅游开发逐年攀升，村民从事与旅游相关的产业，如农家乐、果品销售、观光自行车出租、导游等，经济收入逐年提高。至 2015 年，全村 296 户人家，98% 翻建了新房，20% 拥有了私家车，98 户村民开办农家乐。

2012 年，村民人均纯收入达 12464 元；2013 年达 15974 元；2014 年达 35933 元；2015 年达 41718 元，实现社会效益 5600 多万元。

附 4：三山村民收入与消费情况抽样调查

2015 年，编者对查仁鸿、沈洪骏、王楠等 10 户村民进行了调查走访，他们中有农家乐经营业主、普通村民、外来打工者等。通过调查了解，展示了三山村民自旅游开发后的收入与消费情况。

查仁鸿，性别：男，年龄：60 岁，文化程度：高中，家庭住址：东泊自然村，家庭人员 6 人。

20 世纪 90 年代，本人在苏州经营一家商贸公司，销售酒类和农副产品。2002 年，回三山探亲，看到村里在大搞旅游开发，嗅到其中的商机。2003 年春，回乡开办农家乐，投入资金 400 多万元，按星级标准建造建筑面积达 1600 多平方米的鸿业山庄，家庭年收入 250 万元左右。

2004 年，在苏州市区购置一套面积 300 多平方米的商住房，200 多万元。2015 年，购置轿车一辆，40 万元 。

沈洪骏，性别：男，年龄：50 岁，文化程度：初中，家庭住址：桥头自然村，家庭人员 7 人。

儿子在村委会工作。2014 年，儿媳在自家附近开设了一家珍珠首饰店。夫妻二人在 2005 年利用自家的住房开办了农家乐。2010 年，投入 80 多万元建造了 500 平方米的住宅，继续经营农家乐，家庭年收入达 40 万元左右。

2012 年，购置轿车一辆，15 万元。2014 年，在苏州市区购置一套 95 平方米的住宅，100 万元。

黄宇，性别：男，年龄：39 岁，文化程度：大专，家庭住址：小姑自然村，家庭人员 6 人。

1986 年，父亲依靠饲养长毛兔成为村里第一批万元户，当年就建造了 200 平方米的三层楼房。后因养殖长毛兔不景气，2000 年，父母又利用自家住房开设了农家乐，当时年收入达 5 万元左右。目前，本人在村委会上班，妻子在村旅游公司上班，兼营农家乐，家庭年收入约 12 万元左右。

2015 年，筹借并贷款 150 万元，在老宅基地上翻建了 400 平方米的新楼，准备开办农家乐。家庭支出除了两个小孩的生活、教育每年 3 万元外，其他收入主要用于还房贷。

姚春明，性别：男，年龄：54 岁，文化程度：初中，家庭住址：小姑自然村，家庭人员 5 人。

本人在村旅游公司的电瓶车队担任车队队长，妻子在家经营小型农家乐，女儿在珠江村镇银行上班，家庭年收入约 15 万元左右。

2004 年，建造了一栋 240 平方米的住宅，30 万元。

夏东峰，性别：男，年龄：46 岁，文化程度：初中，家庭住址：山东自然村，家庭人员 4 人。

本人是村里的快艇司机，妻子在村旅游公司上班，女儿在苏州工作，夫妻二人还会利用空余时间照顾山上的茶叶、马眼枣等农产品，家庭年收入约 15 万元左右。

黄宏图，性别：男，年龄：50 岁，文化程度：小学，家庭住址：桥头自然村，家庭人员 6 人。

1998 年，开办了农家乐。2000 年三山通电后，翻建了 300 平方米的新楼房并开办农家乐。2008 年，投入 100 多万元又新建 600 平方米的楼房。全家都从事农家乐业务，家庭年收入达 60 万元左右。

2008 年，在苏州市区购置 130 平方米的住宅，100 万元。2013 年，购置轿车一辆，20 万元。2015 年，购置快艇一艘，8.5 万元。

金锡明，性别：男，年龄：56 岁，文化程度：高中，家庭住址：东泊自然村，家庭人员 7 人。

本人在村委会工作，妻子在家经营农家乐。2006 年，出资 60 多万元建造

360 平方米的住房并开办农家乐，家庭年收入 30 万元左右。

2010 年，在苏州市区购置 100 平方米住宅，110 万元。2013 年，购置轿车一辆，17 万元。

许俊杰，性别：男，年龄：58 岁，文化程度：初中，家庭住址：东泊自然村，家庭人员 6 人。

本人和儿子在村旅游公司工作，儿媳在太湖旅游集团公司工作，妻子在家经营农家乐，家庭年收入达 20 万元左右。

1998 年，因养殖长毛兔有了一定的积蓄，当时花 1.6 万元建造一栋面积 150 平方米的楼房。2007 年，出资 20 万元对老宅进行翻新扩建改造。2014 年，购置轿车一辆，10 万元。

目前，家庭主要支出除生活日常开销和养育两个孙女的费用外，还有因本人爱好，收集奇石、根雕、盆景等支出。

秦超，性别：男，年龄：30 岁，文化程度：大专，家庭住址：东泊自然村，家庭人员 7 人。

本人担任村团支部书记，妻子在家做微商，母亲在家经营农家乐，家庭年收入 50 万元左右。

2009 年，建造 400 平方米的新房，100 万元。2011 年，在东山购置一套 70 平方米的住宅，20 万元。同年，购置轿车一辆，20 万元。2014 年，购置快艇一艘，8.5 万元。

王楠，性别：女，年龄：38 岁，文化程度：初中，家庭住址：桥头自然村，家庭人员 2 人。

2007 年，到三山岛打工，后与表姐合开一家小型超市，现自己经营一家珍珠首饰店，兼营茶叶、水果、大闸蟹等农产品，家庭年收入 15 万元左右。

◉ 社会事业

教育　三山自古农商传家，村里读书识字的人很多，男丁基本无文盲，凡家有男孩，7 岁左右就要送到私塾接受教育。从方块单字学起，接着学《三字经》《百家姓》《千字文》《幼学琼林》《千家诗》，也学《论语》《孟子》等。还学写毛笔字，描红、临帖，也学打算盘（珠算）。

日伪时期，三山岛及厥山岛上有多家私塾先生开办的学舍，其中阿晋、阿洪先生名气最大，甚至东山及西山的人家都送孩子到三山私塾念书。

1944 年，里人秦贞甫、许柏生、吴洁身等成立校董会，筹建三山小学，借用秦三生家、薛家祠堂为校舍。1946 年，购得三山秦氏 4 间民房，作为学堂。三山耆老吴洁身亲赴长兴县合溪镇，求得永兴昌商号店东（商号主人）秦子林慷慨解囊，捐赠课桌椅 30 余套以及一批图书等。自此，岛上始有正规的学校，结束了分散的私塾教学。

校董会聘请东山杨湾燕石小学教师曹成（无锡人）任校长兼教师，后又聘请卢文英等教师三四人，教授城里小学课本上的知识。时有学生 30~40 人，教室 3 间（皆为民房），中间客堂称“礼堂”，礼堂三面墙壁上画满轮船、火车、飞机、大炮。还编写了三山校歌“三山高高，湖水滔滔，美丽的小学成立了……”

1955 年 8 月，受震泽县文教局委派，毕业于江苏省立太仓师范学校的朱能养，接任三山小学校长。当时，校长加教师共 3 人，学生 49 人，分为 6 个年级 2 个班。全部校舍为 4 间老式民房，其中两间作教室，一间作办公室，中间为礼堂。没有操场，教室外有一墙角，是学生“轧牛劲”（旧时苏州地区小孩冬天取暖并自娱自乐的活动方式）的活动场所。

三山小学旧照

20 世纪 50 年代末 60 年代初，由于国内第一次生育高峰的到来，岛上的孩子也多了起来。人口增长，生源增加，在大队干部和群众兴学助教热情的支持下，学校规模不断扩大。在上级教育经费严重不足的情况下，群众出工出力，拆破庙、扒废砖、扛石料，民办公助造校舍。先后开辟了操场，翻建了 4 间民房，新建了 7 间教室、幼教室、办公室、乒乓室等校舍。

1975 年是三山村（晓光大队）教育事业的兴盛时期，根据党中央“把初中教育办到农民家门口”的指示，经吴县教育局批准，三山小学创办了“带帽子初中班”（即初中班办在小学内），大队为增办初中班，扩建教室 112 平方米，获专项资助 2200 元、3.5 米水泥桁条 28 根，并调原东泊生产队副队长查兴仁担任三山小学教师。初中班仅办了两年，有 21 名初中生升入东山中学高中部。当时的在校学生有 140 人，其中幼儿班 25 人，教师有朱能养、吴觉人、潘丽云、曹小兰、秦永仁、许天成及上海知青金玉华、金爱华、周玉玲和吴亚芬。

2003 年，三山小学撤销，岛上孩子念书全部到东山镇。至 2015 年，有 65 名三山学生升入全国各类大学。

医疗 历史上，村民一般小病不医治，至多自己服用一些中草药；生小孩时请“老娘”（接生婆）接生；生了重病才送往湖州或苏州医治。因此，经常导致病情加剧，延误了治疗的最佳时机。遇有急病、难产，因交通不便，就更危险。加之三山迷信盛行，常有冤死悲剧发生。

1964 年 3 月，东山人民医院委派医生鲍桂英到三山开办保健站。当时的晓光大队花 400 多元，购置简单的医疗设备和常用药品。从此，三山有了基本的医疗服务和医生。

20 世纪 60 年代后期，常有苏州医学院的师生到岛上采集中草药。鲍桂英大受启发，在苏州医学院专家教授的指导下，开办一家药厂，试制成功板蓝根注射液、大蒜注射液、枇杷叶止咳药水和预防脑膜炎的药剂等。

1976 年，鲍桂英调回东山人民医院。在岛期间，鲍桂英为三山岛培养了 5 名赤脚医生和 1 名接生员。现在保健站工作的医生王惠荣和接生员徐顺娣，都是鲍桂英的学生。

自保健站开办后，无一起医疗事故发生。其中徐顺娣在 1969—1996 年的 27 年间，先后接生婴儿 200 人左右（1996 年后，产妇均离岛进医院生产），有的一家两代人都由她接生。至 2016 年，保健站有乡村医生 1 人、护士 1 人。

社会保障

2003年以前，三山村民看病买药的费用均为自理，村民负担较重。2004年，三山村为入股农业合作社的村民交纳农村养老保险和农村合作医疗保险。2008年，将全部村民纳入农村养老保险和农村合作医疗保险，村民大病能享受50%～60%的优惠。2009年，吴中区实施惠民实事工程，东山、西山、光福三地部分失地农民享受到企业退休职工待遇，三山村也属此范围。

农村养老保险 2007年，农村养老保险参保人数267人，其中享受养老保险人数200人。2008年，参保人数262人，其中享受养老保险人数新增10人。2009年，参保人数282人，其中享受养老保险人数新增6人。2011年，参保人数220人。

农村合作医疗保险 2007年，农村合作医疗保险参保人数745人，2008年参保人数725人，2009年参保人数679人，2010年参保人数622人，2011年参保人数617人，2012年参保人数562人，2013年参保人数435人，2014年参保人数410人，2015年参保人数321人。

农村部分失地置换城保 2009年，农村部分失地置换城保参保人数186人。2010年，参保人数278人，享受人数14人。2011年，参保人数11人，享受人数10人。2012年，参保人数12人，享受人数17人。2013年，参保人数8人，享受人数22人。2014年，参保人数14人，享受人数15人。2015年，参保人数9人，享受人数36人。

春满三山

三山古村落

三山自古就有“七堡八姓五十堂”之称。岛上有历代为官致仕、从商发迹后衣锦还乡，在故里建造富丽堂皇的厅堂宅第，以壮大家族，繁衍子孙，安度晚年。明代初年，三山逐渐形成以桥头自然村顺济桥为中心，放射式环绕而筑的村落格局，建筑大多为多进多路的平面布局，沿中轴线纵横发展，对称构筑，中间形成数个闭合的院落空间，建筑布局、功能及装饰极富特色：驳岸沿桥备弄门房、门楼厢房轿厅圆堂、闺屋书房暖阁膳堂、天井灶间庭园廊坊各司其职，并取花卉、鸟兽、人物、戏曲、典故，采用砖雕、木雕、石雕、金雕、彩绘技艺装饰，以展示丰富多彩的生活艺术。建筑布局和装饰分别寓意对科举仕途的寄托、多子富足的愿景、幸福祥和的追求和自然安逸的期盼。2005 年 6 月 20 日，三山被苏州市列为第一批公布的 13 个古村落保护单位之一。

现保存有省级文物保护单位 2 处、市级文物保护单位 1 处，历史建筑面积达 1.9 万平方米，拥有清俭堂、师俭堂等明清建筑 33 栋和古桥、古井、古码头等。其布局独特，构建精美绝伦，是研究苏州地区各个时期建筑特点和原住民生活形态的经典范例。

三山岛鸟瞰图

◉ 古村落保护

2005 年，苏州市进行文物普查时，发现三山仍完整地保存有古街道、集市、小巷等古建筑群落，经过文物工作者陪同古建筑及考古专家前往现场考察，确定为明清古建群落。

历经十余年的抢救性发掘和保护，三山古村得以恢复历史面貌。为保护古村落，做美、做优三山旅游这篇大文章，三山村制定环境保护规划，完善周边的生态环境。如今，置身三山岛，在亲近自然风光、饱览太湖之余，漫步在幽静的小巷，踩着石板路，仿佛跨越了时空，恍若隔世……

总体规划 1989 年 11 月 13 日，经吴县文物管理委员会批准，东山镇成立文物保护领导小组，三山村也相继成立古村落保护领导小组。根据东山镇人民政府 2007 年颁发的《东山古镇保护暂行办法》《东山古镇保护区保护管理暂行办法》《东山历史文化名镇保护建设规定》文件，三山村认真落实相关保护举措，于 2014 年通过《中国历史文化名村（三山村）保护规划》论证。

2015 年，由苏州市规划局制定并批准了《苏州市东山镇三山岛古村落保护与建设规划》。规划根据村落整体格局和传统风貌保存的现状，将桥头自然村传统风貌建筑集中成片的地区及古河道、古码头以及与其相依存的景观划定为核心保护区：保护区东至先奇桥、薛家祠堂院落东、执玉堂院落东，西至仁寿堂院落和九思堂院落西，南至荷花江南岸，北至经伦堂院落、勤余堂院落、张桐安宅院落以北，面积 3.48 公顷。

2015 年，由上海同济大学设计的《三山岛风景区总体规划》，历时三年，修改八次后最终完成。规划宗旨为：将三山岛建设成一个"湖岛古村"。"湖岛"，是自然的、生态的、原始的"世外桃源"；"古村"，既有真实、直观的古人类遗址，又具深远、丰富的吴文化内涵。主要内容为"三个一"：筑通一条串联景点的环岛湖滨路；恢复一条一线贯通全岛、两头连接太湖的古河道；建造一条展示三山岛吴文化和农家土特产的风情街。以路、河、街为"纲"，全面提升、完善三山的风景旅游服务功能。同时，将全村的承包土地合作入股，统一规划、统一种植花果、统一管理。原有的明清古建筑统一保护、维修，新建的农舍粉墙黛瓦，统一风格。实现"农家园艺化"，家家户户培植花木盆景；"农村园林化"，确保岛上"月月有果，天天有花"。

古宅外景

规划实施 三山古村落保护领导小组对保护区内的 33 栋古宅、祠堂，3 座古庙，18 口古井，2 座古桥统一登记造册，其中文物保护单位和控制保护建筑全部挂牌保护，核心区域内的古街、古桥、古井、古树等文物古迹也挂牌保护，挂牌保护比例达 100%。在主要文物景点设置具有警示意义的标志，如古建筑内“禁烟”标志和各景区内的“爱护草地”标志等。

古宅内景

2014年，建立中国传统村落苏州市吴中区东山镇三山村档案，列出修缮计划，将逐年对薛家祠堂、清俭堂、九思堂、念劬堂、四宜堂等古宅、古桥、古井进行保护性修缮。同年，三山村投入约100万元，对桥头古村落的会角路口至观音堂300米青石板路面进行修复，并对沿途的顺济桥，桥头古井，古宅四宜堂、清俭堂进行修复和墙面粉刷。

◉ 古民居

清俭堂 位于桥头自然村5、6、7、8、9号，现存房屋54间，面积1048平方米。初建于清乾隆二年（1737）。建造者黄发祥，人称黄十万。清俭堂原有宅院三进，

清俭堂鸟瞰图

清俭堂“六扇头”大门

清俭堂一景

前厅后楼 60 余间，有花园，总面积 0.13 公顷，是三山现存古建筑中最大的一栋住宅。其建筑风格颇具江南特色，厅、堂、落地风窗诸处雕花美轮美奂，素有“三山雕花楼”之称。

整座建筑坐北向南，“六扇头”大门及大墙门朝西，后花园种有竹。有一泓清泉流经房屋的西南面，过大墙门折向南而注入桥头浜。门屋向西。进大墙门后为天井，与门屋相对的是家堂间，用以祭祀黄氏历代祖先。过天井，穿过有砖雕门楼的二墙门，即为大厅，前廊后轩，面阔三间。厅前有 32 扇风窗，上雕亭台楼阁等苏州园林景观，厅内悬挂“清俭堂”匾额，两面挂有抱柱对联。过厅堂即为第二座砖雕石库门，即三墙门，上有“长发其祥”四字砖刻，将主人“发祥”的名字巧妙地嵌在其中，题额出自笠泽（今江苏吴江一带）董步青。砖雕门楼在“文化大革命”中遭破坏。库门向前，即进入前住楼，楼阔三间，带二厢房，楼底中央挂有由许京祖书“业精于勤”匾额一块。

进大墙门，过天井，穿过家堂间，即进入花厅。花厅为三开间二耳房建筑，中间挂有一匾额，上书“漱泉书屋”，因当时有一泓清泉绕屋而过得名，其前是 21 扇雕有花卉的风窗。花厅后面是一排七间厨房，厨房后面两栋楼房，七楼七底。花厅左边有三开间平屋，平屋左边是花园，栽有一株百年黄杨和三百年的桂花树。西侧为融吴越建筑特色的马头墙。

1998 年起，经与黄氏沟通，并得到他们的支持，族人全部从中迁出。2014 年，三山村对大厅、门楼等主体建筑进行了保护性修缮。

师俭堂 位于山东自然村，为潘氏住宅。建于清嘉庆六年（1801），建造者潘氏高祖潘尔丰。堂名取意于西汉丞相萧何名言“子孙贤，师吾俭”。师俭堂背山面湖，总面积 701 平方米，前厅、后楼二进，共计 26 间，占地 533.36 平方米。大门开在大厅的左侧厢房，五级石阶，进大门后可见右侧厢房，是供祖宗牌位的家堂。天井处有一砖雕门楼，上雕“职思其居”，取自《诗经·唐风·蟋蟀》，意喻常思自己的职责所在，款识为“蔡元定，辛酉春”。门楼左右各有一组砖雕，内容取自北宋诗人魏野的名句“洗砚鱼吞墨，烹茶鹤避烟”。左侧砖雕上，一书生端坐书亭中，凝视书童在砚池中洗砚，书童仰视书生，憨态可掬，似是在应答；右侧砖雕上，一相公站立在庭院中，看着书童烹茶，仙鹤腾飞于上方，闲庭雅致，跃然而出。门楼下方雕有“郭子仪祝寿”，图案中梧桐树、金凤凰、高头马及众多人物，繁而不乱，神情各异，堪称精细。

师俭堂门楼

师俭堂文物保护碑

师俭堂牌匾

师俭堂主体建筑分为南北两路，北路有花厅及附房，南路有门屋、祖屋、圆堂、楼厅。门屋面阔一间，进深三界。祖屋大小与形制与门屋相同。圆堂面阔三间，进深九檩，为内四界前重轩制法。楼厅面阔三间带两厢，内四界前廊形式。花厅面阔三间，进深九檩，为内四界前轩后双步形式。厅堂内题匾、柱联保存完好，其前后分别有小花园。花厅后有附房三间，圆作穿斗式，较简朴。宅院南尚有老屋四间两厢。堂内现存“宜敦周急”匾额一块，系乾隆五十九年（1794），宝山县衙为表彰潘尔丰开仓放粮300石、置棚施粥、赈济难民的义举而颁赠。师俭堂整体建筑保存相对完好，为研究太湖流域清代群体建筑的优秀实例。2009年7月，被公布为苏州市文物保护单位，是三山文物级别最高的古民居。

九思堂 位于桥头自然村28号，明代建筑，原为密氏家宅（现为村民许天顺居所）。密氏主人为明代三品武官，盛极一时。据传，此宅主人吝啬苛刻，一直欺负家中十多岁的女佣，使其愤然出走。女佣临走时在密家大门上钉了一张席片，诅咒密家。现三山已无密姓。九思堂建筑面积446平方米。现存建筑有大厅、主楼。大厅面阔五间，进深七

九思堂木雕

九思堂外墙

九思堂大厅外景

九思堂内院

檩，为内四界前廊形式。堂内偏柱为楠木鼓磴，上有凤穿牡丹官帽头，下有对角方砖踱方步，按明代品级规制，为三品官府宅。明间后设穿堂住楼，面阔五间，带两厢楼，东厢楼早年已毁。二楼为内四界前轩后双步建法。现存建筑中，除梁架结构及装饰花纹形制带有清中期特点外，其余部分都完整地保存着明代建筑的原构原件。排门、排窗一块不缺，侧门上“两面三刀”的铁部构建仍为当年之物，保存完整，对于研究环太湖地区明代早期建筑具有极高的文物价值。

四宜堂

四宜堂 位于桥头自然村22号，始建于晚清至民国年间，建筑面积473平方米。现存建筑可分东西两路，西路有前后住楼，东路有圆堂及后住楼。圆堂面阔三间，进深六界，明间后设穿堂。圆堂后的后住楼面阔三间带两厢。西路前住楼面阔三间，圆作抬梁式；后住楼面阔二间，进深五界，为内四界前廊形式。

念劬堂 位于桥头自然村21号，清代建筑，建筑面积266平方米。现有圆堂、后住屋、东住屋三栋单体建筑。圆堂面阔三间，为内四界前轩后廊形式。后住屋面阔三间带两厢，为内四界前廊形式。东住屋面阔五间，进深六界，圆作穿斗式。

念劬堂

念劬堂圆堂

仁寿堂 位于桥头自然村32号，建筑面积191平方米。现有门屋、门厅、圆堂三栋单体建筑。门屋面阔一间，进深四界，门向东，将军门建法。门厅面阔三间，进深七檩，为内四界前廊形式。圆堂面阔三间带两厢，圆作抬梁式。从构架上看，门屋、门厅为明代建筑，圆堂为民国建筑。

执玉堂 位于桥头自然村16、17号，清代建筑，建筑面积184平方米。现有门厅、大厅两栋单体建筑。门厅面阔三间，进深七檩，为内四界前廊后轩形式。大厅面阔五间，进深六界，为内四界前廊形式。内四界大梁扁作，抬梁式，边贴穿斗式。从构架上看，门厅、大厅为清早期建筑。现存建筑为研究当地清早期民居提供了优秀的实例。

维善堂 位于西湖自然村47号，明代建筑，建筑面积340平方米。现存西路的住楼、附房及东路的堂楼。住楼面阔三间带两厢，底楼为副檐建法，二楼为内四界前廊形式。厢房面阔二间，进深四界。附房面阔三间，进深五檩，圆作穿斗式。堂楼面阔三间，副檐建法。

荆茂堂 位于小姑自然村16号，清代建筑，建筑面积1277平方米。现存单体建筑可分三路：中路有门屋、圆堂、前后住楼，圆堂两侧的莲花形琵琶撑极为罕见；东路有花厅；西路有前后住楼及附房。门屋面阔三间，进深五檩。圆堂面阔三间，进深七檩，为内四界前廊形式。中路前住楼面阔三间带两厢，后住楼面阔五间带两厢。花厅面阔一间，进深6.5米，船篷顶。西路前后住楼大小、形制基本相同，均为面阔三间带两厢。附房面阔五间，进深七檩，正贴圆作抬梁式，边贴穿斗式。中路后住楼前牌科墙门字牌内所镌“道光丙申年”，为该堂的建造时间。荆茂堂是三山晚清时群体民居建筑的代表，具有较高的文物价值。

维善堂　　荆茂堂二楼走廊

震远堂 位于小姑自然村 33 号，清代建筑，建筑面积 848 平方米。现存楼厅、东西楼及附房。楼厅面阔三间带两厢，底楼为副檐建法。二楼为圆作穿斗式，为内四界后双步形式。东楼面阔五间带一厢，二楼为内四界前廊形式。西楼面阔二间，进深六界。东侧附房面阔六间，进深六界。该堂为研究三山清代民居提供了优秀的实例。

流誉堂 位于小姑自然村 4 号，清代建筑，建筑面积 570 平方米。现存门屋、住楼及边楼三栋单体建筑。门屋面阔三间，进深六界。住楼面阔三间带两厢，二楼为内四界前廊形式，大梁扁作抬梁式，边贴穿斗式。边楼面阔六间，进深四界。

怀远堂 位于小姑自然村，清代建筑，建筑面积 155 平方米。现仅存主楼一栋。住楼二坡硬山顶，面阔三间，进深六界，为内四界前廊形式，圆作抬梁式，边贴穿斗式。

怡燕堂 位于东泊自然村 20 号，清代建筑，建筑面积 240 平方米。现存住屋、南北边屋各一栋。住屋面阔三间带两厢，圆作穿斗式。北边屋面阔五间，进深六界，圆作抬梁式，边贴穿斗式，冷摊瓦屋面。南边屋面阔三间，进深三界。南、北边屋之间为一花园，内植桂花、枇杷、翠竹。住屋明间前有墙门字牌，内所镌“光绪戊戌口月旦”，表明其建造时间为清光绪二十四年（1898）。怡燕堂堂主张枫岩收藏有一套同治十年（1871）修、光绪五年（1879）重订的鱼鳞册，共计 16 册，详细记录西湖地、东泊地、山东地、上黄地等全岛土地情况。据传，村民如有土地纠纷，便可出一银圆到张枫岩处查考。破“四旧”时，被红卫兵抄出准备焚毁，后被贫协负责人黄唤璋发现保存至今。

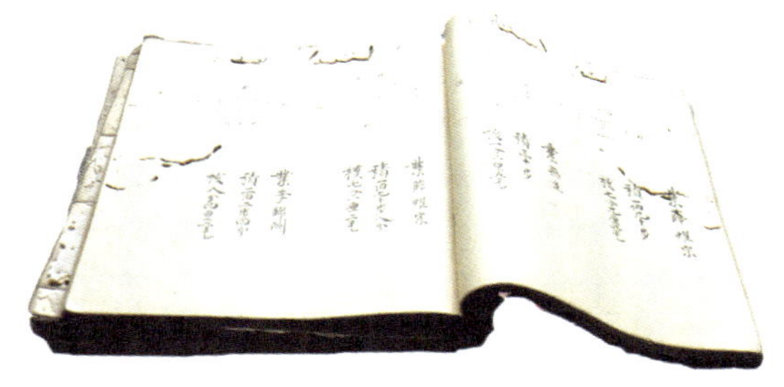

鱼鳞册

乐善堂 位于东泊自然村 2、3 号，清代建筑，建筑面积 184 平方米。现存门屋、住楼前后二进。门屋面阔三间，进深六界，圆作穿斗式，为清末重建。住楼面阔三间带两厢，底楼为副檐建法，二楼为内四界前廊形式。住楼前砖雕墙门字牌内所镌“乾隆三十八年癸巳季春立”，为该堂的建造时间。

查氏门楼 位于东泊自然村20号乐善堂内，始建于清乾隆三十八年（1773），早先颇具规模，现为查兴仁所居。查宅建筑面积200平方米，包括门楼、门屋、住楼各一栋。门屋面阔三间，进深六界，圆作穿斗式，系清末民国初重建。住楼面阔三间带两厢，底楼为副檐建法，二楼为内四界前廊形式。乐善堂门楼清水砖雕分为上、中、下三层，上层雕有“渔樵耕读”等五幅图案，中间部分有“甘罗十二为丞相”“郭子仪祝寿”和“打金枝”三幅图案，下层有“和合二仙”“锦书”等三幅图案。门楼正中镌有“天被尔丰”四个大字，中层还有“书画传家”“白鹤传书”等字样。整座门楼刻工细腻，雕工精致，人物造型生动逼真，现保存完好。

查氏门楼

查氏门楼砖雕——郭子仪出将入相

黄治良宅 位于东泊自然村6号，建筑面积160平方米。现存大厅、住屋前后二进。大厅面阔三间带两厢，为内四界前廊形式。前后厢面阔一间，穿斗式。住屋面阔三间，进深六界，为内四界前廊形式。从构架上看，该宅为明末清初建筑。

查氏门楼砖雕——甘罗十二为丞相

查六年宅 位于东泊自然村，明代建筑，建筑面积149平方米。现存大厅、边屋及附房。大厅面阔三间，进深六界，为内四界前廊形式，扁作抬梁式，边贴穿斗式。边屋面阔二间，进深五界，圆作穿斗式，冷摊瓦屋面。附房面阔五间，进深四界，冷摊瓦屋面。该宅为研究当地明代民居提供了优秀的实例。

留耕堂 位于东泊自然村30、31、35号，建筑面积372平方米。现存门屋、东西对照厅及书房。门屋面阔一间，进深四界。东、西两厅大小、形制基本相同，均面阔五间，进深七檩，为内四界前廊形式。书房面阔三间，正贴扁作抬梁式，边贴圆作抬梁式。从构架上看，东厅具有明代风格，西厅、书房为清代建筑。该堂为研究当地清代民居提供了珍贵的实物资料。

节善堂 位于东泊自然村38号，明代建筑，建筑面积239平方米。现存门屋、大厅、住屋前后三进。门屋面阔三间带两厢，进深六界，圆作穿斗式，冷摊瓦屋面。大厅面阔三间，进深六界，为内三界前廊形式，冷摊瓦屋面。住屋面阔三间，进深六界，圆作穿斗式，冷摊瓦屋面。

章宅 位于东泊自然村43号，明代建筑，建筑面积326平方米。现存门厅、住屋前后二进。门厅二坡硬山顶，面阔五间，进深六檩，为内三界前廊形式。住屋面阔五间带两厢，二楼为内四界前廊形式，内四界扁作抬梁式，边贴穿斗式，冷摊瓦屋面。

附：三山村五十堂分布

东泊堡：

留耕堂（章氏）、正新堂（许氏）、宝善堂（韦氏）、乐善堂（查氏）、怡燕堂（张氏）、近贻堂（查氏）、善贻堂（查氏）、勤谊堂（查氏）

上横堡：

清忠堂（章氏）、清心堂（丁氏）、敦和堂（潘氏）、积善堂（朱氏）

桥头堡：

仁义堂（黄氏）、念劬堂（薛氏）、清俭堂（黄氏）、四宜堂（许氏）、一心堂（韦氏）、九思堂（密氏）、大和堂（沈氏）、馀庆堂（许氏）、仁寿堂（许氏）、仁德堂（施氏）、九如堂（秦氏）、近远堂（沈氏）

下横堡：

锦绣堂（黄氏）、三凤堂（薛氏）、执玉堂（秦氏）、经伦堂（秦氏）、春在堂（薛氏）

小姑堡：

荆茂堂（吴氏）、荆盛堂（吴氏）、树德堂（夏氏）、流誉堂（黄氏）、

怀远堂（黄氏）、敦叙堂（秦氏）、积善堂（吴氏）、震远堂（吴氏）

西湖堡：

仁清堂（姚氏）、维善堂（秦氏）、三和堂（秦氏）、聿修堂（秦氏）、裕仁堂（秦氏）、务本堂（黄氏）、宝善堂、德凝堂

山东堡：

师俭堂（潘氏）、怀经堂（倪氏）、经伦堂（潘氏）、宝善堂（潘氏）、敬承堂（朱氏）

◉ 古祠堂

秦家祠堂　位于西湖自然村太湖边，建筑面积134平方米。据保存在祠堂内的《三山秦氏宗祠记》所记，祠堂建于清道光十二年（1832）十一月，建造者浩养公。浩养公卒后，其后代在三山建祠堂一座（西山人称为“三山分祠”）。秦家祠堂临湖面南而建，与西山石公山遥遥相望，有大厅三间、客厅六间、厨房三间。大门建有立体的砖雕门楼，里外八字形，门楼高大，其后园内砌有石雕花台两座。大厅前廊后轩，前有厢房、

秦家祠堂大厅（现为三山文物馆）

天井、砖雕门楼，厅堂上方挂匾额“永范兰台”。北宋词人秦观曾在《南柯子·霭霭迷春态》中，以“空使兰台公子、赋高唐”借以自喻。“兰台公子”指战国楚辞赋家宋玉。唐代时，秘书省又称兰台，时秦观为秘书省正字，因而便以“兰台公子”自喻。秦家祠堂三间厅堂上方皆有磨光方砖的万年台，木雕门面，是供灵位之所。其后代代相接，座级上灵位标立。20 世纪 90 年代初，经东山风景管理所修缮，现为三山文物馆，对外开放。

薛家祠堂 位于桥头自然村，清代建筑，建筑面积 240 平方米，为三山薛氏宗祠。现存门屋、大厅前后二进。门屋二坡硬山顶，山墙顶部为观音兜，面阔三间，进深六界，为内四界前廊形式，圆作抬梁式，边贴穿斗式。大厅二坡硬山顶，顶为观音兜，面阔三间，进深九檩，为内四界前廊后轩形式，圆作抬梁式，边贴穿斗式。2015 年，三山村对薛家祠堂进行保护性修缮，即在传统民居建筑基础上，增设三山文物及非遗展示，实现了建筑、民俗、非遗的有机结合。

薛家祠堂外景

薛家祠堂大门

薛家祠堂二进大门

顺济桥

李家桥

古桥

顺济桥 位于桥头自然村，建于明代。梁式结构，独幅青石桥面，长 3.3 米，宽 1.05 米，厚 0.3 米。现保存完整。

李家桥 位于西湖自然村与东泊自然村交界处，建于明代。梁式平桥，独幅青石桥面，长 3.29 米，宽 1.0 米，厚 0.37 米。略带拱势，桥面刻斜格菱形纹，横跨于荷花江西侧。现保存完整。

古井

三峰寺古井 唐代古井，位于三峰寺遗址前。井栏为青石质八角形，高 53 厘米，内径 38 厘米，外径 82 厘米。井台青石质，系整块青石凿成，长 2.83 米，宽 2.44 米，厚 35 厘米。

三峰寺古井

桥头秦家古井

桥头井

查家义井

桥头秦家古井 明代古井，位于秦家浜北端。外径 55 厘米，井台处有裂纹。

桥头井 明清古井，位于顺济桥北 20 米。井栏为青石质八角形，外径 63 厘米。

沈家井 明清古井，位于桥头自然村 20 号南。井栏为青石质八角形，外径 60 厘米。

申明井 明清古井，位于执玉堂西靠墙处。井栏为青石质八角形，高 34 厘米，内径 32 厘米，外径 57 厘米。

山东古井 清代古井，位于师俭堂后。井栏为青石质八角形，外径 60 厘米。

查家义井 清代古井，位于乐善堂东。井栏为青石质八角形，高 53 厘米，内径 40 厘米，外径 63 厘米，侧面镌刻有“义井”题刻。

新井 明清古井，位于东泊自然村 19 号西。井栏为青石质六角形，外径 54 厘米。

施家义井 清代古井。井栏为青石质八角形，外径 52 厘米。

张家井 明代古井，位于张家潭东南。井台、井栏系整块青石凿成，井台长 106 厘米，宽 103 厘米，厚 35 厘米，其正中凿出井栏，高 33 厘米，外径 35 厘米，外径 52 厘米。

陆家潭井 明代古井，位于陆家潭东侧约 3 米。井台、井栏系整块青石凿成，井栏较低，井深约 3 米，井台长 1.41 米，宽 1 米，厚 0.11 米。此井掘成至今，从无干

陆家谭井

涸，井水水面始终高出相邻的陆家潭水面约 20 厘米。

章家井 清代古井，位于东泊自然村 50 号南。井栏为青石质八角形，青石井圈，外径 60 厘米，内圈为鼓形，外圈有刻字。井深约 6 米，井壁自上而下均由青石条叠砌而成。井栏为整块青石，对称凸刻祥云图案，用作防滑脚蹬。整个古井各部分比例得当，浑厚端庄，选材精良，雕工上品，实为环太湖地区罕见，堪称江南古井中的翘楚。

章家井

六家井 明清古井，位于小姑自然村吴家浜、秦家浜交界处。旧因井后有六户居民而得名。

六家井

兴复庵古井 清代古井，位于东泊码头西南。花岗石井台，无井圈。

秦家井 明清古井。一井位于西湖自然村，青石质六角形，外径 42 厘米；另一井位于西湖自然村 14 号南，青石质圆形，外径 61 厘米。

马家井 明代古井，位于西湖自然村 2 号南。井栏为青石质八角形，外径 58 厘米。

中峰寺古井 明代古井，位于娘娘庙前。井栏为青石质圆形，高 39 厘米，内径 34 厘米，外径 48 厘米。

马家井

◉ 古庙　古寺

三山历来有“三山十庙”之说，三山主岛面积约 1.8 平方千米，每 0.18 平方千米即有 1 座庙，仅次于“海上佛国”普陀山（每 0.14 平方千米 1 座）。“十庙”中，供奉女菩萨居多，10 尊菩萨中占 6 尊，最具有传奇色彩的当数娘娘庙中的娘娘菩萨。

娘娘庙 又称吴妃祠、太姥行宫、集福庵。据明《震泽编》“寺观庵庙”载：吴妃庙在三山，其庙始建于唐朝。明嘉靖三年（1524）重建，由岛上善男信女随缘乐助，改为石柱建筑。吴妃祠在三山又被称为西施庙。据清《百城烟水》云：“三山有吴妃祠，

娘娘庙外景

或云即西施也。”清人张大纯诗称："三山岚影泛波光，石屋烟鬟韶女装。莫是西施仙去后，芳魂犹在水云乡。”《太湖备考》载："昔（春秋时）有吴王妃姐妹三人各居一峰，殊有灵异，山人立祠祀之。”娘娘庙址在中峰叠石新南寺下。据三山老人回忆，解放初，庙中尚存二十四间殿宇，庙门前照壁上题有“太姥行宫”，边有一棵可数人合围的雌雄同株大银杏树，“文化大革命”中与寺同毁。

工字形大殿颇有气势，大门上方有一块宝蓝底金字竖额，书有“姑皇圣母”四字。进门第一进，两侧各供一排菩萨，为十八罗汉。另于左边供神船一艘，是娘娘菩萨的专用船只。第二进前通道中央置有一个铁香炉，系三山人秦志椿偶得一张1万银圆的发财票（即奖券）而捐助铸造。殿宇梁上有很多各个朝代的人捐送的匾额，有“保我黎民”“有求必应”“诚心则灵”等。第二进两侧各供一排菩萨，中间是暖阁，内供泥塑菩萨一尊，粉面柳眉鹅蛋脸，容貌秀丽，头戴公主冠，身披红披风，手捧生死簿。两侧墙上画有壁画“十二花神”。平时，泥塑前六扇落地长窗关闭，长窗上题有许多诗句。泥塑前有六位皂隶（旧时衙门里的差役）分立两边，手持铁链、竹片、善恶分明牌。

正殿西侧为财神殿，供财神菩萨。东侧为三官殿，殿正中供三尊三官菩萨，殿西间供王灵官，殿东间供送子观音。三官殿东北方另有三间殿宇，为舜帝殿，内供一尊神，其一只脚踏着乌龟与蛇。三山旧有习俗，人在 25 周岁时须到舜帝殿烧香拜佛，祈求赐福保平安，今仍沿袭。

三峰寺　俗称北寺。明曹熙《三峰寺庄田记》云："三峰古刹也，四面皆平湖，遥岑屏列空际，是山（指三山）屹乎其中，孤绝而巧，世人呼为小蓬莱，以其与人境别也。钟鼓三百年，风月三万六千顷，胜概甲于吴中，清高之士往往萃焉。"清徐崧《百城烟水》载："三峰寺：在太湖中三山，唐咸通十三年，僧真铨开山。"据传，三峰寺原有一千零八十间房屋，僧真铨法师建。庙址在北峰百阶级至五角渚内，部分毁于清咸丰十年（1860），后又重修，现存《重建三峰禅寺佛殿记》篆文石碑一块。据村民介绍，寺内原有如来殿和十殿阎王等，"文化大革命"期间被毁，仅剩残殿三间，寺中的木料和砖块用于建造三山小学。2003 年，经吴中区宗教局批准，启动重修工程。现存三峰寺千年八角古井一口，保存完好，和尚生活用净碗潭也尚在。古有"三峰寺藏有九缸十三甏金银财宝，得宝者须修寺"之说，表明该寺曾富甲一时。

三峰寺外景

三峰禪院

洗心池

三峰寺内院

2004 年，由印旭法师募集善款，牵头重建三峰寺。于 2006 年竣工，有前后二进，前进为大雄宝殿，后进为藏书阁、生活用房，寺后右侧有洗心池等。

2004 年 3 月，三山村利用三峰寺东南侧原青石矿石宕开辟摩崖石刻大“佛”字，为三峰寺配套景点。“佛”字由苏州寒山寺住持楚光法师写，石匠杨其虎刻，长 8.8 米，宽 5.8 米。

2007 年，在大“佛”字下开辟了花岗岩材质的祭坛及观音菩萨塑像，高 4.8 米（含祭坛）。在路东侧建造怀恩亭，供奉海法禅师。亭前刻有一副对联：“海纳百川释源可溯，法传一滴洛水增辉”，联首嵌有“海法”二字。海法禅师是洛阳白马寺僧人。“文化大革命”时，他孤身一人，不畏艰难，独守古寺，体现了佛家弟子的至诚之心。后来他的一位弟子到三峰寺做了住持，感怀海法禅师恩德，于是化缘建造此亭，表示永念师恩。亭前的石潭处有滴水瀑布，山泉从观音宝瓶的方向缓缓流出，顺流而下，汇入潭中，石潭中间有个篮球大小的洞口，深不见底，水位随太湖水位的涨落而涨落。周边有石雕金刚经等佛教景观及摩崖石刻“能到三山岛得无量福”若干大字。

2015 年 3 月，在怀恩亭下交叉路口建造一座仿古青石牌楼，高 6.8 米，宽 3.5 米，由书法家席时璐撰写“德泽绵长，万世安定”字。

大佛字

怀恩亭

青石牌楼

南峰寺 俗称旧南寺，建于唐代。庙址在中峰南侧。解放初，尚存三间完整的殿宇，供奉明目娘娘，旧时有眼疾者常到此烧香求药。神像是全木刻成，着衣裙，关节可活动，在人搀扶下能行走。庙侧石灰岩上，有一小石潭，仅几寸见方，终年涓涓细流不断。相传，人们用此石潭中的水洗目能得长明之福。另有弥陀殿，已毁。“大跃进”前后，三间殿宇被拆以换取口粮，青石制的弥陀佛像则被搬到太湖边围湖造田。“文化大革命”时，弥陀佛头像被砍，现无头身躯收藏于三山文物馆内。其线条风格，颇似唐代遗物。现南峰寺遗址的台阶基本完好，和尚生活所用、由条石砌成的净碗潭也保存了下来。

关帝庙 位于清风岭南面。寺庙大门门楣上原横有砖雕石刻，书“蓬莱第一”四个大字。现尚存清康熙年间（1662—1722）重修关帝庙石碑一块。庙内关公神像十分奇特，为全木雕成，关节处能活动，故而人可扶神像行走，并可更换袍服。与关公神像配套的神像还有周仓、关平、马夫和泥马及尚存的七间殿宇。“文化大革命”期间被毁。遗址现为醉菊碑廊，系鞠国栋建，陈列有苏步青、俞振飞、周谷城等上百位名家手迹碑刻以及画家刘旦宅所绘关公像。

清泉庵 俗称观音堂，庙址在桥头自然村。庵内供奉观音菩萨。建庙年代不详。“文化大革命”前尚有四间殿宇，“文化大革命”时拆除后改为生产队蚕室。2013 年，在遗址上重建。庵前有一泉潭，泉水清澈见底，涓涓细流，终年不枯，专供村民洗菜、淘米之用。后民约规定，脏物不得入潭清洗。

清泉庵

◉ 古遗址

历史上，三山岛是吴国的水上门户，曾有“三山门”之称，同时又是兵家必争之地。春秋时期，有吴军在岛上驻扎，夫椒之战就发生在此。北宋时期，又是朝廷采集太湖石的重要基地。留下了古春秋战场遗址、北宋花石纲采石遗址等诸多遗址。

古春秋战场遗址 由于地处吴越交界处，三山岛被称为“三山门”“三山口”，春秋时一直是兵家必争之地，石公山浮玉北堂有楹联：“烟霞环绕三山外，吴越平分一水间”。著名的夫椒之战，就发生在此。20 世纪 70 年代，曾有村民在离三山岛不远处的湖中捞获一把完好的青铜古剑，因无文物保护意识，仅以 7000 元的价格卖给文物贩子。村里获悉后，千方百计想要追回，但为时已晚，后组织人力再次打捞，又获许多残破的青铜兵器，从而证实 2000 多年前这一带湖面上确实发生过水战。画家亚明的《板壁峰》诗中有云：“吴越干戈史，此峰可作证。”

青铜器

北宋花石纲采石遗址 又称皇家采石场，遗址位于行山西南坡，为三山岛四大古遗址之一。宋徽宗酷爱太湖石，为在汴京（今河南开封）建造皇家园林艮岳，于崇宁四年（1105）设应奉局于苏州，命朱勔专事收集珍异花木和太湖石，用船队送至汴京。《吴郡志》记载太湖石“以生水中者为贵……没人缒下凿取，极不易得”。但朱勔仗着皇命，强行派工开采，并遣使督办。《宣和遗事》中列出了督办人姓名，说朱勔“差着杨志、李进义、林冲、王雄、花荣、柴进、张青、徐宁、李应、穆横、关胜、孙立十二人为指使，前往太湖等处押人夫搬运花石”。之后导致官逼民反，于宣和二年（1120）发生方腊起义，苏州有石生率众响应。宋徽宗派童贯镇压，童贯以皇帝名义停罢花石纲，镇压了起义，这便是历史上著名的花石纲事件。但真正停止采石，要到宣和四年（1122），其时艮岳工程已完成，不再需要太湖石。

三山岛是采集和转运花石纲的重要基地。据史籍记载，当时，宋徽宗要求苏州、吴兴两地提供 4600 块太湖石，苏州的任务派给了吴县，吴兴的差使由乌程县承担。由于太湖七十二峰大都是石英砂砾岩，只有鼋山、石公山、三山岛等地是石灰岩，因此吴县选鼋山为开采地，后扩大到谢姑山，采得大小两块峰石，“大谢姑”运到了汴京，“小谢姑”因底座脱落于湖中，后留在湖边，明代复得底座合成，即今苏州市第十中学内的瑞云峰；乌程县则选址三山岛，自政和三年（1113）到明初，三山划属吴兴乌程。

当时，采石全靠手凿人运，劳动极其艰苦，或因事故，或因瘁病，死亡无数。20 世纪 70 年代，当地村民在行山岩石裂隙中发现 10 多个年代久远的骨殖坛，因与三山岛土葬习俗不同，可推知死者是无钱殓葬而被火化的外来人氏。花石纲采石遗址在行山南部，临此南瞰坡下，青石纵横，直达太湖边，依稀可见当年凿石水运的痕迹。嗣后，在三山岛采石并未中止。1920 年，时任国务总理的李根源游太湖诸山时，发现采石已成“山灵之浩劫”，如“秀媚天成”的龟山“大石将挖尽”，谢姑山“秃然童然成平土，无一石”，尤其是鼋山，自“宕户”（外来开发商）在此设公司招工采石，由于开采过度，不到二十年，鼋山全区“山悉凿空，浅者数尺，深者数十丈”，坑坑洼洼，风景全毁。李根源对此痛心疾首，说朱勔开采太湖石，“挟帝王之力，犹未敢恣意”，而“宕户”开采无止境，其祸害比朱勔要大得多（见《吴郡西山访古记》）。

北宋花石纲采石遗址

至20世纪60年代，当地人因穷思变，开办石矿，炸石卖钱。由于效益明显，到1970年，矿点较多，总收入在百万元以上。80年代初，岛上的有识之士奔走呼吁要求停止开采。后终于取得共识，采石方才停息。

太湖石原生矿遗址 太湖地区的太湖石地质遗迹主要分布在南起三山岛，北至西山岛鼋山、金铎岭一线。由于1000多年的无序开采，资源已近枯竭。环太湖地区保存得比较完整的遗址，只剩三山岛小姑山南麓奇石坡和北麓临湖的十二生肖石两处。奇石坡面积约0.67公顷，表层裸露的全是剔透玲珑的太湖石。走进石群，沟壑相通，犹如曲折盘旋的迷宫，夕阳之下，更显晶莹柔美，故而又称相映坡。

宋代墓葬遗址 2009年，村民整理行山采石宕口时，在天然石缝裂隙中发现大量骨殖坛，内有人体遗骨、骨灰，遗骨交替相叠，与三山岛自古以来的殡葬习俗不同。根据位处太湖石矿脉北端黄犊岭的宋代火化场遗址及关于北宋采石徭役殡葬的文献记载，结合遗址四周古代采石痕迹，可以推定此处为北宋年间三山岛采石徭役的一处殡葬所在地。该遗址的发现，对于研究环太湖地区的殡葬习俗以及北宋时期太湖石开采史，提供了重要的实物支持，有很高的史学价值。

水葬台 又名梳妆台、孤亭。位于三山岛东南太湖之中，与小姑山相近，为湖中绿洲，周围驳岸由巨大的青石条堆砌，中间植有三四棵柳树，周边芦苇萋萋。相传，胜玉娘娘每年农历八月中秋之夜，在岛上显圣，有老人曾看到岛上宝镜光芒闪烁，为娘娘梳妆打扮的梳妆台；又传有老船翁听到岛上传出琴声，是娘娘操琴的琴台，故又称姑亭。该遗址成为三山岛最富传奇色彩之地。

断山地质遗址 位于太湖小姑山西侧山麓，高6～8米。由褐红色变质岩构成，石缝中杂树丛生，残壁上爬满粗大藤蔓。根据地质考古报告，该处系亚洲板块断裂层断面，断山地质遗址对于研究古地理学有着极高的价值。

生态三山

三山是全国生态文化村、中国最美休闲乡村、江苏省生态村、江苏省卫生村、江苏省农村环境综合整治示范村，有太湖三山岛国家湿地公园。为了加强对三山自然生态的保护，合理开发利用其生态旅游资源，持续保证区域内生态旅游环境的发展，三山村专门成立环保工作领导小组，制定《东山镇三山岛国家生态村规划》等一系列整治保护规划和措施。

◉ 基础设施

山东村至桥头村的道板路

道路

历史上，三山村村道以泥路和碎石路为主，又窄又短。曾有村民戏言："好天一条路，雨天一条沟。"自2005年起，三山村逐渐加大基础设施建设的投入力度，村民出行难的问题得到有效改善。

环岛公路　三山岛环岛公路铺设经历三个阶段，第一阶段：1993年，吴县市农工商实业公司开发三山岛，从山东自然村铺水泥道板路至桥头自然村，全长约1800米。第二阶段：1995年建造先奇桥后，从先奇桥铺水泥道板路到小姑自然村吴新宝家门口，全长约1500米。第三阶段：2006年，三山村规划建设环岛公路，由三山村负责征地，吴中区交通局出资建造路基，苏州市交通局出资建造路面，于2007年10月举行奠基仪式，路宽5米，长6.2千米，绿化面积3000平方米。2008年9月27日，环岛公路全岛贯通。

环岛公路

中心路 2010 年，由三山村自筹资金 160 万元建造。中心路起于桥头自然村，止于烟水桥，宽 5 米，长 1 千米，绿化面积 2000 平方米。

东泊桑梗路 由陆家潭至上横。路宽 1.2 米，长 97 米，原为碎石路，2005 年铺成水泥道。

东泊上山路 由朱坤华家门口至朱能养家。路宽 1.2 米，长 500 米，原为碎石路，2007 年铺成水泥道。

东泊石板路 由东泊码头起，经奇石园、寅达饭店、金秋山庄、园外楼饭店至三山小学。路宽 2.5 米，长 650 米，原为碎石路，2004 年铺成水泥道。

桥头出会路 由娘娘庙起，经桥头自然村、山东自然村、东泊自然村、西湖自然村、小姑自然村、桥头自然村。路宽 1.5 米，长 5 千米，原为碎石路，2005 年铺成水泥道。

桥头百家阶 由薛强饭店起，经北山观景台至山东自然村。路宽 1 米，长 300 米，原为碎石路，2006 年铺成水泥道。

桥头薛家场路 由顺济桥至观音堂。路宽 1.5 米，长 200 米，原为碎石路，2007 年部分铺成石板路。

桥头下横路 由友谊旅社起，经观音堂至福康旅社。路宽 1.4 米，长 350 米，原为碎石路，2007 年铺成水泥道。

西湖马家路 由马家井（现梦乡楼）至西湖码头。路宽 1.6 米，长 400 米，原为碎石路，2004 年铺成水泥道。

西湖猛将路 由西湖码头至小姑自然村。原为村庄小道，2007 年，部分路段被新建的环岛公路覆盖和替代，铺成柏油道。路宽 5 米，长 400 米。

小姑秦家路 由小姑码头至秦家浜。路宽 1.5 米，长 180 米，原为碎石路，2005 年铺成水泥道。

小姑黄家路 由秦家浜至沈菊良家。路宽 1.5 米，长 130 米，原为碎石路，2005 年铺成水泥道。

山东上官路 由南面倪家至北面夏家。路宽 1.2 米，长 200 米，原为碎石路，2005 年铺成水泥道。

山东下官路 由群峰旅社至艺宿家民宿。路宽 1.2 米，长 200 米，原为碎石路，2007 年铺成水泥道。

桥梁

三山原仅有顺济桥和李家桥两座古桥，2001 年，随着旅游发展的需要，完善了各项基础设施，增建了多条村道和多座桥梁。至 2016 年，新建桥梁 13 座，造型各有不同，有拱桥、平桥等，桥梁取材均为花岗石及木质。

先奇桥　建于 1995 年，位于桥头自然村，长 13 米，宽 5 米，材质为花岗石。因先奇集团开发三山岛而建，并因此得名。

姐妹桥　建于 1995 年，位于小姑自然村，长 9 米，宽 5 米，材质为花岗石。姐妹桥为左右双桥，左为“梅先”，右为“石奇”，寓意“梅为天下先，石乃三山奇”。

姐妹桥

烟水桥 建于 2008 年，位于东泊自然村，长 13 米，宽 5.8 米，材质为花岗石。

荷花江桥 建于 2013 年，位于荷花江南，长 13 米，宽 5.8 米，材质为花岗石。

小姑桥 建于 2007 年，位于小姑自然村，长 13 米，宽 5 米，材质为花岗石。

西湖桥 建于 2008 年，位于西湖自然村，长 13 米，宽 5 米，材质为花岗石。

李家桥 建于 2007 年，位于荷花江下游，长 7 米，宽 4.5 米，材质为花岗石。

东泊湿地平桥 建于 2010 年，位于东泊湿地，长 8 米，宽 4.5 米，材质为花岗石。

桥头湿地木桥 建于 2009 年，位于桥头湿地，长 20 米，宽 2.5 米，材质为木质。

长寿木桥 建于 2010 年，位于娘娘庙前，长 6 米，宽 2 米，材质为木质。

采摘园桥 建于 2015 年，位于采摘园，长 10 米，宽 2.8 米，材质为水泥。

许家浜桥 建于 2014 年，位于许家浜，长 5 米，宽 3 米，材质为花岗石。

飞龙桥 建于 2015 年，位于小姑吴王堤，长 4.6 米，宽 4 米，材质为花岗石。

飞龙桥

远眺三山岛

码头

古代交通运输主要依靠水运，自从隋炀帝开掘京杭大运河，中国的内河航运（漕运）开始蓬勃发展。大运河绕太湖而走，太湖流域水网发达，水运业因此兴旺。三山岛位于苏州、无锡等的水路中心，是江、浙两省船只的必经之地，也是航程的中途站和天然的避风港，同时官府迎送、传递文书的“官船”，也都要在此歇息。所以，三山岛历史上有“太湖驿站”和“三山门”之称。

三山岛湖岸曲折，受太湖水的常年侵袭，自然形成了小姑山角咀、羊家山角咀、西湖小山角咀、东泊小山角咀、桥头五角咀，码头依附角咀而建；同时湖湾众多，人们利用自然形成的湖湾建造码头，对于依靠舟船出行的三山人来说，码头是与外界沟通的唯一通道。历史上曾有大小码头 20 座，东南的桥头浜和东北的东泊浜是岛上的两大码头。

桥头浜 位于桥头自然村薛家祠堂门前，因位于顺济桥头而得名。明清年间形成的泊船湖湾，长 140 米，口宽 10.1 米，两岸由巨型青石、黄石混叠而成，西岸有青石条砌筑的河道，上竖缆船用的石柱，边沿凿有可拴缆绳的象鼻石孔。桥头浜面向东南，且湖底淤泥软烂阻锚，是天然的避风锚地。与东泊浜并称为三山最大的码头，村谚有云：“五十对船常停泊，东泊、桥头座上客。”1995 年，吴县市农工商实业公司在桥头浜上建造先奇桥。2001 年，因三山村发展旅游的需要，将码头移至桥头浜和太湖的交汇处，并以桥为名，更名为先奇码头。该码头现为重要的旅游出入口。

桥头浜

秦家浜

西湖浜

小姑浜 位于小姑自然村。明清年间形成的泊船湖湾，口小腹大，呈鸡心形，长 40 米，东西直径 24 米，两岸由青石、黄石混叠砌成。南侧有河埠。

东泊浜 位于东泊自然村。口窄内宽，平面呈刀形，长 72.3 米，底宽 10.7 米，两岸由青石、黄石混叠砌成，上竖缆船用的石柱，边沿凿有可拴缆绳的象鼻石孔。浜底与北侧有河埠。东泊浜水大港深，驳岸整齐，两道防护堤伸向湖面，形如怀抱，为三山岛天然良港。

秦家浜 位于小姑山北麓。平面为葫芦形，两岸由青石、黄石混叠而成。有河埠两

处，南端有古井 1 口。

许家浜　长条形，湖口已淤塞，两岸由块石叠砌成。浜底有河埠，侧有水涧入村。

西湖浜　位于西湖自然村，子母浜形式。母浜形似寿桃，口窄腹大，两岸由青石、黄石混叠砌成。西有条石压口，浜口有宽大的河埠。母浜南侧有可停一船的小湖湾，较为奇特。

山东浜　位于山东自然村，沿太湖岸以块石叠砌成。有宽大的河埠。20 世纪 90 年代初期，因先奇集团开发三山岛而扩建。

通信 旧时，三山岛与外界的联系靠渡船往返传递书信，或通过邻里乡亲、熟人带口信的方式来完成。改革开放后，岛上家家有电话，90% 的村民拥有移动电话，现代通信进入三山这个太湖孤岛。

1994 年，吴县市农工商实业公司为开发三山岛，在东泊码头附近建造微波中继站一座，并安装两部公用电话。

1996 年，安装了风力发电设施，专门用于电话通信。该电话日间不通，晚间通电后才能通话，村民戏称："白天白话，有电有话，无电瞎话。"

2000 年 1 月 28 日，三山岛通电后，固定电话开始普及。

2004 年 8 月，在三山村民委员会的推动下，由电信、广电、移动、联通四家单位联合开展的四线合一水下光缆工程竣工。光缆由东山长圻码头至三山岛，再至西山，全长 3500 米。埋入太湖水底 1.7 米以下。同年，在行山山顶建造移动通信塔，为塔式建筑，共两层，并于当年正式使用，实现三山岛中国移动信号全覆盖。

2006 年，建北山联通塔，当年正式使用，为苏式建筑，共两层，有机房和坪台，占地 120 平方米，实现三山岛中国联通信号全覆盖。

2006 年，完成电视同轴信号入户，村民家家可以看有线电视。

2015 年，为推动信息化建设，在村内建造信息发布中心，部署景点 WiFi、广播系统、监控系统。岛内沿环岛公路及中心路设置 WiFi 基站 37 个点位、74 个 AP（无线访问接入点）免费热点，热点 SSID（服务集标识）为"太湖蓬莱，美丽三山"。此外，在东山长圻码头至三山岛登陆艇码头设立 WiFi 点位 1 个、AP 免费热点 2 个，三山村益农

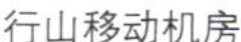
行山移动机房

北山联通机房

信息社 WiFi 热点 1 个。沿环岛公路及中心路部署广播系统，安装音柱 41 对。小姑自然村美丽乡村建设新投入 11 个摄像监控点位，登陆艇码头建 4 个监控摄像点位。在桥头码头一侧设置邮箱 1 个。

供水 历史上，三山人以饮用太湖水和地表水（井水）为主。一般人家在厨房里均备有两个水桶、两个水缸，分别盛太湖水和井水。取太湖水后，放入少许明矾沉淀后，作为饮用水；井水一般用于煮粥、烧饭及洗涮。

1995 年，吴县市农工商实业公司在山东自然村建造日产 500 吨自来水厂，并完成管网入户。后因公司倒闭，供水中断，村民复用太湖水和井水。

2009 年，三山村投入 142.8 万元，在大山北侧宕口，建造占地面积 3566 平方米、日供水能力 1000 吨的自来水厂，2010 年上半年完成管网入户。总管道铺设资金投入 168 万元，支管铺设资金投入 89 万元，设备资金投入 175 万元，征地费用约 45.2 万元，水厂总投入 477.2 万元。同年 10 月，经过调试和试运行，11 月正式向村民供水。太湖取水口离岸边约 200 米，水源水质符合《地表水环境质量标准》（GB 3838—2002）Ⅱ类标准，出厂水水质符合《生活饮用水卫生标准》（GB 5749—2006），制水工艺经过混凝—沉淀—过滤—消毒流程，通过聚合氯化铝进行混凝净化，由电解法二氧化氯发生器进行自动消毒。供水服务覆盖三山岛全岛，饮用水卫生合格率达 100%。

电力 20 世纪 70 年代中后期，三山仍处在“没有光明、没有动力”的日出而作、日落而息的状态。1977 年，小姑生产队购置一台 8000 瓦小功率柴油发电机，开始“自发电”，供社员晚间照明。不久，其他生产队也开始“自发电”，广播喇叭装进家家户

三山岛通电仪式

户，家用电器也开始进入“先富”人家。但因为“限时供应”，用电很不方便。

1983—1984 年，三山“分田到户”，村、组的集体经济能力减弱；而村民的家用电器越来越多，用电量数倍于前，致使各组（其时大队改为村，生产队改为组）的“自发电”难以为继。为此，三山村于 1983 年购进一台 50 千瓦发电机，用于全村统一供电。1988 年，又换购一台 75 千瓦发电机，并在当时吴县人大常委会的支持下，获得每年 12 吨平价油的指标，用于发电。市场经济后，平价油越来越少，“议价”油成本太高，而且只能“限时供电”，不仅影响村民的生活质量，更严重地制约了三山的经济发展。因此，20 世纪 90 年代前后，村党支部便将争取早日通电定为全村的头等大事来抓。

2000 年 1 月 28 日，在上级政府和有关部门、企业的大力支持下，三山终于通电，成为苏州地区最后一个通电的行政村。

水底电缆于 1999 年 12 月建成，深埋于西山石公山至三山岛东部小山之间的太湖水底 1.8 米以下，主线 6000 米，电力 10 千伏，变压器 4 台，其中 160 千伏 1 台，100 千伏 3 台。

2014 年 9 月，建通第二路湖底电缆，作为三山岛备用电源。水底电缆深埋于 1.8 米湖底，起点东山长圻码头，终点三山岛。于当年竣工，主线长 3500 米，电压 35 千伏。山东和小姑自然村各有 400 千伏变压器 1 台，桥头自然村 400 千伏变压器 2 台，西湖自然村 250 千伏变压器 1 台，东泊自然村 400 千伏变压器 2 台。

供气　村民历来以柴火作为燃料，直至 20 世纪 80 年代初，开始以罐装液化气为主要燃料，气源从区外运入，既笨重又不安全，且运输及供气方式根据实际情况自行解决。2015 年 6 月 30 日，为解决村民用气难的问题，成立苏州三山岛华港燃气有限公司，在桥头自然村与山东自然村交界处，建面积为 400 ~ 500 平方米罐装压缩燃气储存场、30 立方米的液化天然气充装站，向村民供给液化天然气。其中主管线 9982 米，支管线 7920 米。

社区服务中心　2010 年 9 月正式投入使用，占地 2.8 亩，建筑面积 4367.68 平方米，投入资金 2800 万元，是村民委员会所在地。有行政服务中心、党员服务中心、综合会议室、农家书屋、室内健身房，其中标准房、套房等客房 24 间、大小餐厅 10 间，均以桥头、东泊等自然村命名。

体育设施　2010 年 9 月，村行政服务中心投入使用后，又增设了室内健身房，面积 200 平方米，设备有乒乓球台 3 个、跑步机 3 台、综合训练器 2 套、哑铃 1 套、力量训

行政服务中心

练器 2 套、举重床 1 台、椭圆机 2 个、直立健身车 1 辆、卧推床 1 台、腹肌板 1 个、篮球场 1 个。

◉ 生态环境保护

环境整治 环境整治遵循三山村生态环境特色，结合旅游业发展的客观要求，充分发挥环境资源优势，使人与自然和谐共处，走上“生态文明、生活宽裕、经济发展”的道路，促进全村经济可持续发展。为了提高环境整治力度，保护好生态环境资源，在村民中营造人人保护环境的氛围，严格控制新污染源的产生，加强对农家乐经营户的污水排放、门前屋后包干区域的监管力度，确保无生活污水偷排、漏排等现象发生。

环保知识宣传 要使环境整治工作深入人心，必须使村民在思想意识上有所提高，并使其成为一种人人参与的自觉行为，为了加强宣传、监督，三山村建立了环境保护监管员、环境卫生协管员及6名生产队队长协同开展的日常巡查制度，通过在环岛公路、中心路等主要路段悬挂横幅、播放广播、发放宣传资料，每月25日召集农家乐业主进行宣传培训，电子显示屏播放环保宣教片等方式开展环保知识宣传，在工作中以理服人、以法管人，切实做好环保法律法规的宣传员，强化了村民和游客的环保意识。

遏制入湖污染 治理太湖的关键在于入湖污染源的控制，而生活污水与农业污水是太湖污染源的主要组成部分。环岛湿地建设与三山岛生态整治工程配套的生物型生态污水处理科技示范工程相结合，岛上的生活污水经过污水处理厂处理后排入生态湿地，通过潜流湿地，应用现代环境工程技术与生物技术，对农村生活污水与农业污水进行生物治理，降低氮、磷对太湖造成影响的同时，促进区域生态环境美化建设。

污水处理 2008年，东山镇人民政府将三山岛污水处理工程作为实事工程立项。2009年，在北山南麓环岛公路一侧，建造日处理1000吨的污水处理厂，总投资462万元，其中土建及总管安装工程投入292万元，支网投入120万元，征地投入约50余万元，2010年8月正式使用。考虑到地势低洼、区域相对独立的自然村地势地貌因素，又因地制宜，分两期建设15套小型污水处理设施，总投资178.04万元，其中一期投入108.68万元，二期投入69.36万元，生态户厕率和生活污水收集率达100%。全村户厕全部采用三格式化粪池并接入污水管网，通过污水处理工程与人工湿地生态修复技术相结合，使全村出水水质达到国家《污水综合排放标准》一级标准。全岛为分区分片排水，采用自然排水、明沟排水及管道排水等多种方式进行雨水排放。

◉ 村容整治

2010年，根据吴中区申报国家AAAAA级旅游景区的要求，三山村制定对村容、村貌的整治目标：将村整治为“布局合理、道路通畅、设施配套、环境宜居、特色鲜明”的示范村庄。

村容整治

根据村庄全面达到“六清六建”“三清一绿”环境综合整治要求，重点整治生活垃圾、农业废弃物、湖滨、河沟，提升公共设施配套，绿化，美化，亮化，道路通达，三线入地，建筑风貌特色化及各自然村的大环境整治。

2008 年 9 月 27 日，环岛公路全线贯通，在公路两侧开展大面积的亮化、绿化工程。绿化面积约 3000 平方米，树种有红叶、石楠、樱花、法国冬青等 20 多种。环岛公路安装路灯 250 盏，中心路 50 盏，各个旅游码头 50 盏。在各个自然村及景点道口设立换乘点。

绿化工程 环岛绿化带全长 6.3 千米，与道路同步建设 100 米林带，并启动 400 米绿带建设。以 50 米宽的环岛绿带为基础，局部地区扩大规模，采取“长藤结瓜”的形式，建设苗圃、观光农业、湿地公园等主题公园。同时，对 20 世纪 80 年代前小姑山、大山、东泊等处开山采石留下的宕口进行复绿，砍伐毁林处进行复林。对其他部分及泽山、厥山两岛也参考景点要求严加保护，并对采石遗址龙头山进行绿化。体现植物景观特色，并创造性的利用恢复宕口的方法对小姑山南侧的采石宕口进行合理规划，使之成为与小姑山山体融为一体的旅游配套服务设施。

2011 年，对桥头自然村进行村庄整治，在农家乐门前屋后点缀绿化植被，美化家园，提升村落环境氛围。

美化工程 2009 年，投入资金 120 万元，建造 3 个垃圾收集站，放置垃圾收集桶（箱）近 100 套，配备环卫汽车 1 辆、登陆艇 1 艘、专职环卫清扫工 12 人、垃圾收集站专职清运工 3 人。全岛生活垃圾统一收集，并通过环卫车经登陆艇水上运输至东山陆巷码头，再由环卫车运输至东山镇环卫压缩站集中处理，生活垃圾存放清运率达 100%，清运处理率达 100%。

2012 年，对西湖自然村进行村庄整治，根据“六整治”“六提升”的整治标准，重点整治生活垃圾、乱堆乱放、农业废弃物、湖滨、河沟，着力提升公共设施配套服务等，还对西湖自然村进行荒地复绿，面积 3000 平方米以上，开辟并建设一块小游园与健身园。

2011—2012 年，投入资金 223 万元，对东泊、桥头、西湖、山东自然村 82600 平方米外墙粉刷；投入资金 39 万元，对中心路两侧进行 1560 米沟渠改造工程。2012 年，投入资金 2500 万元，对桥头、小姑、山东自然村高压线 5600 米、低压线 10980 米，统一进行三线入地改造。2012—2013 年，投入资金 235.6 万元，改造东泊、桥头、小姑、西湖、山东自然村挡土墙 5889.6 平方米。2013 年，投入资金 81 万元，对小姑自然村进行村庄外墙粉刷 3 万平方米；投入资金 18 万元，对 5 个自然村的路面进行硬化，总长度 1800 米。2014 年，投入资金约 100 万元，实施桥头古村青石板路面修复及小游园配套、旅游公厕提升改造、停车换乘点设置、休憩廊亭建设及休闲观光道路改造工程，完成农户外墙改造 200 余户、6.2 万平方米，新增绿地 3000 平方米、路灯 260 盏、旅游公厕 8 座、垃圾中转站 4 座。

◉ 太湖三山岛国家湿地公园

2013 年 10 月，国家林业局授予三山岛国家湿地公园称号，并创下国家湿地公园建设“三个唯一”的纪录，即是全国唯一的太湖中的岛屿湿地，全国唯一以村级单位建设的国家湿地公园，也是唯一以社区参与湿地共建的国家湿地，奠定了太湖三山岛国家湿地公园在全国范围内的特色和地位。

太湖三山岛国家湿地公园以泽山岛、厥山岛、蠡墅岛和三山岛本岛岸线外扩 200

太湖三山岛国家湿地公园

米为四至边界，呈不规则的马蹄形，湿地公园的主体空间在三山行政村。由于当时太湖蓝藻聚集在三山岛周围，特别是东南面的桥头湾，厚度达20厘米以上，太湖水质发黄并发出阵阵恶臭，严重影响村民的生活和旅游业的发展。为此，采取以氮、磷流失生态拦截方法，对沿三山岛滩涂和水域进行湿地建设。湿地公园依托区域内三山、泽山、厥山、蠡墅山依次罗列的地位优势建成，总面积620公顷。于2007年拆除围网时启动人工湿地恢复建设，工程分两期实施：第一期自2007年起拆除太湖围网，建设环岛湿地保护与恢复区，面积2000亩，投入资金2100余万元；自2013年在三山岛西南实施湖滨湿地生态保护与恢复第二期工程，面积1000亩，计划投入资金1600万元。

湿地鸟类——绿头鸭

湿地鸟类——白鹭

生态保育区 生态保育区分布于湿地公园西端，涵盖泽山、厥山两岛以及附近200米水域，面积215.9公顷。保育区内物种丰富，环境资源得天独厚，且又远离人口聚居区，通过建造栖息岛、调整群落结构、安置人工鸟巢、人工引入投放、疏浚底泥等措施，使得区内野生动物的种类和数量都有明显增加，生态链日趋平衡完善。

区内现有七大动物类型，种类超过300种，种子植物约有320种，重点保护野生植物共有24种。其中鱼类98种，两栖类9种，爬行类25种，浮游动物79种，底栖动物59种。鸟类有国家一级重点保护野生动物白鹳、黑鹳等，国家二级重点保护野生动物燕

管理服务区

隼、苍鹰等，在此还栖息与繁衍了白鹭、大白鹭、牛背鹭、苍鹭、池鹭、夜鹭、黄苇鳽8种野生鸟类。

管理服务区 管理服务区面积11.8公顷，位于桥头码头附近，由湿地管理委员会、游客接待中心、停车场、医疗站、码头、售票处、商品服务区等组成，可供游客休憩、餐饮、购物、娱乐、医疗等。为健全湿地科研监测体系，太湖三山岛国家湿地公园在湿地自然学校及湿地定位研究站的基础上，建成湿地环境监测定位站。

宣教展示区 宣教展示区位于湿地公园东南侧，总面积83.9公顷。区内以多重建造湿地净化区和复层围堰生态景观区为中心，以湿地类型多样、景观丰富，具备湿地资源、景观、文化展示和宣教等条件为基础，在为大众提供湿地游憩和观光服务的同时，让湿地环境保护理念深入人心。

区内成立湿地自然学校，并设立企业认养湿地的“湿地1+1活动”成果展示室、环境教育书刊室，建有植物与鸟类宣教展示长廊，便于游客认知湿地植被与鸟类，并设置入园指示牌、倡导环保标牌、环保电子屏以及户外解说牌、污水处理技术展示牌，建造鸟类、鱼类观测台，定期开展大、中、小学生科普宣传、户外拓展、文化研究活动，通过报纸、杂志、宣传册、宣传片的制作及网络推广等多种途径，生动活泼地讲解湿地知

宣教展示区

识，推动湿地文化的发展。

社区共建区 社区共建区包括三山岛本岛大部分陆地区域在内，面积 133.8 公顷。区内拥有近百家集餐饮、住宿于一体的农家乐，以及因大山、行山、小姑山及东泊小山而形成的具有典型山林特征的特色景区，适合开展多种休闲度假旅游项目。区内各种设施完备，以自来水厂、污水处理厂、小型生活污水处理装置、构造湿地污水处理系统及贯穿全岛的给水排水管道，形成完整的给水排水系统，从而保证区内水环境质量常年保持并优于国家Ⅲ类水标准；以全岛路标、指示牌和电子屏，形成标识系统；以布局全岛的 8 个 10 千伏变电站和沿主干道安装的单侧双火庭院灯，实现供电及道路照明；以垃圾桶、垃圾箱、垃圾运输车、垃圾运输船，实现生活垃圾的集中回收处理。通过这些建设，充分满足村民及游客在区内的各项需求。

湿地体验区 湿地体验区位于三山岛西侧、北侧和东侧，总面积为 179.8 公顷。区内设有湿地农业、渔业、娱乐等适宜游客参与的旅游项目。

三山旅游

三山由泽山、厥山、小雷山、蠡墅山等岛簇拥而成，是太湖最大的群岛村落，诸多小岛仿佛是洒落在太湖里的明珠，远远望去，仿佛传说中的海上三座神山，因而触发了艺术家的灵感。唐大历年间（766—779），张志和绘《洞庭三山图》，并献给时任湖州刺史的颜真卿。颜真卿为此张乐置酒，请来宾欣赏，并题诗“蓬岛仿佛而隐见，天水微茫而昭合”，自此，三山岛有了“太湖蓬莱”的美誉。

湖岛风光

◉ 三山十景

三山岛湖光山色，风景秀丽，拥有板壁奇峰、云林环秀、观石听涛等十大风景名胜，在海内外久负盛名，素有“太湖蓬莱”“世外桃源”等美誉。

柳堤双荷 从桥头码头西行环湖路，堤上垂柳千株，是称柳堤；湖中莲叶荷花连天相接，岸上木莲成行，故名双荷。春来，绿柳成行似翠带；夏至，映日荷花别样红。巧的是路边石桥两座，相依相偎，称为姐妹桥。眼前这双荷和双桥，令人不禁想起古老传说中太湖的两位芙蓉仙子——吴国公主胜玉与越国美女西施。

附近湖中有占地一亩左右的水葬台，据专家考证，其可能是早先吴越一带特有的墓葬方式——船棺葬的葬具船棺。据传，里面葬的是吴王阖闾爱女胜玉，也有人说是越女西施。相传，西施助越灭吴后，范蠡曾偕西施在此泛舟隐居，三山岛近侧的小岛蠡墅山，即是他们的隐居之处。宋《太平御览》引《吴越春秋·逸篇》：“吴亡后，越浮西施于江。”即吴国灭亡后，越王夫人担心美貌动人、功高无比的西施会迷倒丈夫勾践，从而威胁到自己王后的地位，于是下毒手把西施装进皮袋仍到江里。后来遗体漂入太湖，三山岛人将遗体打捞上来并将她葬在三山。同时《墨子·亲士》篇也记：“西施之沉，其美也。”说明西施是被沉于水中而死的。唐李商隐《景阳井》诗云：“肠断吴王宫外水，浊泥犹得葬西施。”皮日休《馆娃宫怀古五绝》诗云：“不知水葬今何处，溪月弯弯欲效颦。”

柳堤双荷

绿洲芳魂 岛上环湖路庙浜口至行山南坡，有供奉吴王阖闾爱女胜玉的吴妃祠，又称娘娘庙。此庙初建于唐代，明嘉靖三年（1524）重修，内外墙柱础皆由青石雕琢而成，歇山顶飞檐翘角，“风调雨顺，国泰民安”八字高悬于屋脊。现已修复正殿三间，进殿门后，内悬“姑皇圣母”匾额，左首设堂鼓，右间置宝船，有樯有橹，高

绿洲芳魂

挂云帆。第二进是长廊，两边为小天井，中有铁香炉。第三进正间有佛台，内设暖阁，阁中供奉一尊泥塑菩萨，蚕眉俊目，凤冠宫装，为吴王爱女胜玉。左右宫娥执扇侍立，供桌前六名神态各异的差役分列两侧，静候命令。虽称吴妃祠，但是三山岛吴氏家庙。据传，每年中秋之夜，胜玉娘娘会在庙前西南隅一棵大杨树畔，显灵操琴，故获称姑亭，而“绿洲芳魂”也由此得名。

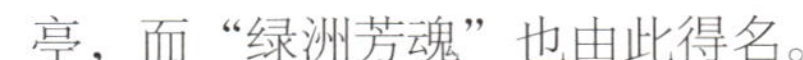

还有一种说法更为传奇，称此娘娘庙为纪念三山岛的祖先——女首领妈祖。相传，早先在这里生活的母系氏族部落若繇余氏先民，每逢部落集会时，女首领便揭竿立旗，旗上用赭石粉画一条凶猛的“句鱼（鳜鱼）”——太湖鱼王，作为图腾，顶礼膜拜。无论狩猎、捕鱼、采集等，女首领都要高举图腾引导，活动范围直至常熟虞山脚下的出海口。由此有人认为：远古时代三山岛的女首领，便是今日东南沿海闽、台两岸人民共同敬崇的妈祖的原型。

叠石通天　出娘娘庙右行，眺望行山顶，可见一巨石突兀于半空，其状如虎蹲、似狮卧，人呼叠石，又称狮身人面石。又酷似古埃及著名的狮身人面像斯芬克斯，伏卧于悬崖峭壁，雄视万顷太湖。登石阶，又见石罅一线直接蓝天，为“一线天”。细数石阶，共有五十三级，正应“步步参佛登天”。登高而上，石壁上镌有著名书画家、百岁老人谢孝思书写的“云梯”两字。再上，有石门，因巨石横卧石罅之上构成一洞，人称天门。

行山晨钟

行山晨钟 经过叠石，仅百步之遥，便登上行山顶。山顶建有三层六角塔亭，内有茶室，供游人小坐品茗。因娘娘庙为娘娘行宫而得名；也有一说，旧时三山人养蚕，劳动时每天早晨鸣钟报行（报桑叶价）而得名。

板壁奇峰 由行山向西下山，行百步，一座宽20余米、高10余米、厚近2米的板壁状石峰陡立于半山坡上，其形状如同刀砍斧斫，峰冠似五指并列，直指天穹。石峰纹理斑驳，如斧劈皴法；杂树横生，似水墨精品。正面看，峰似骆驼上山；回头看，却似骆驼下山。板壁峰被誉为"吴中第一峰""江苏石景之最"，是三山岛标志性景观之一。《中国风景名胜大辞典》赞其："石削壁陡立，宛如一天然水石盆景。"

板壁奇峰

画家亚明有诗云：“吴越干戈史，此峰可作证。中华今一统，江南享太平。”

云林环秀 在板壁峰西南麓，有 0.67 公顷的太湖石石群，全是剔透玲珑的太湖石，人称奇石坡，又称相映坡。走进石群，如入沟壑相通、曲折盘旋的迷宫。《水浒传》中记载的北宋花石纲，其石就产自三山岛。当时朱勔曾在三山设水牢，逼迫犯人采石，进献朝廷。其后，清慈禧建造颐和园时，也曾派太监、兵卒、监工、民工逾千人到三山岛采石。三山民间相传：“宋朝采石，地平三尺”，“清宫采石，石低人荒”。

云林环秀

观石听涛

观石听涛 下相映坡，向西南行百米，便到小姑山。此处为胜玉娘娘的外婆家，故村名小姑。全村九成人家姓吴，有《小姑浜怀古》一诗为证："阖闾城破避水浜，赖有谪吴一脉长。数落谋夫越女事，遥指扁舟没斜阳。"小姑山北麓石壁下，有依山傍水、绵延数十丈的石群。巨石遭水浸浪击，在风刀雨剑水斧的长年"雕琢"下，形成瘦、透、漏、皱神态各异的形状，如龙盘虎踞，牛嬉马饮，鸡鸣狗吠，猴耍兔跃，故称之为"十二生肖石"。近侧还有一巨石，如长鼻取水的大象。游人坐船或乘游艇，环顾四周，推移视角，变换看点，十二生肖石更显惟妙惟肖。若夜宿农舍，可闻细浪拍壁、惊涛击石，是谓"观石听涛"。

断山夕照 断山位于三山岛西，为行山余脉，俗称西湖小山。经勘测考证，此山属地壳断层。西北麓有一断山残壁，高数十丈，十分壮观。残壁由褐红色变质岩构成，杂树生缝，藤蔓攀壁，浑然一道天然绿色屏障。壁上常有拳石滚落，硬者似铁；而轻者浮于水面，状如泡沫，人呼浮石。壁上有数十块巨石堆叠，自成桥洞状，称为仙人洞。傍晚，在断山顶上观赏日落，可见西沉的红日渐隐于泽山与厥山之间，余晖映红石壁和远山，浩瀚的湖面洒满粼粼金光。

溶洞问古

溶洞问古 清风岭有一处数百米深的古溶洞，因故尚未开发。1984 年宁、沪、苏三地联合考古发掘时，仅在洞口向里掘进 6 米，即发现数千件旧石器。其中 1032 件登记编号，218 件有古人类使用痕迹。该古溶洞应是古人类制作石器的加工场，也是季节性集中活动的公共场所。附近有醉菊碑廊，为鞠国栋建，陈列有苏步青、俞振飞、周谷城等上百位名家的手迹碑刻等。

桥头渔鼓 在先奇桥西侧，以顺济桥为中心，是古代三山岛的商贸集市。三山岛古有“太湖驿站”之称，桥头码头常泊船百余艘，有各种官船、航船、大网船、小网船，人流量数千。每逢鱼汛，七帆船、五帆船、大网船、小网船等渔船满载而归，桅如林。渔市开市以击鼓为号，买鱼卖鱼均以鼓声和之，街巷人头攒动，人声鼎沸，叫卖声、喧闹声、击鼓声，声声相和，传至百里，堪称“桥头渔鼓”。

三山奇石

板壁峰 又称拜壁峰、碑壁峰。板壁峰立于行山西南山谷，石灰岩质。（参见本志“三山旅游 · 三山十景 · 板壁奇峰”）

十二生肖石 （参见本志“三山旅游 · 三山十景 · 观石听涛”）

十二生肖石

四世同堂石 位于行山南麓西侧，高 1.7 米，宽 1.5 米，厚 0.8 米。该石系由石灰岩、砂质页岩、火山岩、方解石等石质交融而成，分别代表了 3.6 亿年、2.8 亿年、0.8 亿年、0.4 亿年四种不同的地质年代，故名四世同堂石。此石是研究岩石成因的巨型标本，对研究太湖的成因和该地区的地质变迁情况有重要的科学价值。

四世同堂石

狮身人面像

狮身人面石　又称叠石，位于行山南麓，高 50 米，宽 4 米，由于石灰岩的剥蚀，形成一块高大的巨石。该石一端架于悬崖之上，一端凌空落于峰尖，酷似古埃及狮身人面像斯芬克斯。狮身人面石与行山中部的石灰岩断壁形成的狭窄崖谷，构成了“一线”景观，垂直落差达 30 米，其险其窄，冠绝吴中，有 53 级石阶垂直而上，正应“步步参佛登天”。狮身人面石、板壁峰、一线天共同成为三山岛的标志性景观。

白猫石　位于小姑山南麓，高 38 米，宽 20 米。南面由于开山挖石，形成了一处断崖残壁，在黄砂岩山体上漏出一块白色石灰岩石块，状如猫，有头有尾，躯干四肢形象逼真，憨态可掬。

白猫石

牛背石

金鸡石

牛背石 位于小姑山东部太湖临岸处，石灰岩，高 4 米，宽 8 米，如牛卧于水中，人称牛背石。相传，天上金牛下凡，常偷食太湖边稻谷，被人在尾巴上结上红头绳，后又被人发现偷吃，被砍掉了尾巴，从而化为石块，永远留在三山岛。

金鸡石 位于三山岛北部，长 4 米，宽 1 米。三块石并列于太湖之中，中间为白色石灰岩石，左右各有一金黄色火山角砾岩石，三者间距相等，晨曦下，酷似金鸡报晓，故而得名。相传，明太祖朱元璋与军师刘基曾在此对弈。

女娲补天石 位于三山岛北部，与金鸡石相邻，火山角砾岩石质，长、宽约 2 米，高约 2 米，相传为女娲补天时所遗。

女娲补天石

◉ 博物馆、园

石器博物馆 旧称三山文化馆，位于薛家祠堂。馆内展示三山岛各处收集而来的石器、石雕以及碑石等，具有一定的文物价值，其中一尊唐代佛像尤为珍贵，在环太湖地区较为罕见。

碑刻博物馆 在原关帝庙遗址上重建，占地 0.4 公顷，现称醉菊碑廊、鞠氏书画碑廊，鞠国栋建。馆内有石刻书画碑廊，陈列有苏步青、俞振飞、周谷城等上百位名家手迹等。

碑刻博物馆

古化石博物馆 由村民韦鹤鸣创办。馆内陈列数百件三山岛出土的动植物化石和远古时代人类活动的旧石器实物，其中有多件藏品系孤品，对研究太湖地区的成因和远古人类活动有重要意义。

三山文苑 院主呼顺利，祖籍天津，著名藏书家。2005 年，呼顺利在原三山小学校内建。他根据藏品的四大分类：古籍、秘方、碑帖、文献，在文苑内开设古籍馆、养生馆、史料馆、碑林和周易研究会。作为三山风景区内的一个景点，游客在游览湖光山色、田园风光和古村、古屋、古人类遗址后，可继续到古书、古方、古碑和历史文献中访古探幽，了解并享受中华民族五千年文化的精华和成果。

朱氏盆景园 朱能养是三山小学退休教师，居住在东泊自然村的一间老宅内，占地面积 600 余平方米。20 世纪 60 年代初，他师从苏州盆景大师叶青，潜心研究，收集榆桩、雀梅等树桩盆景。园内有各类盆景 100 余盆，以榆桩、雀梅及小型盆景为多数，修扎精致，分片错落有致，枯树老辣，主叶繁茂，树干可谓“一寸三弯”，为典型的苏式风格。另外，盆景园内还种植杜鹃、山茶等花卉，现共有杜鹃 84 个品种 200 多盆。1979 年，北京召开盆景艺术展览会，朱能养制作的雀梅树桩“老龙探海”代表当时的吴县林业局参展，并获国家

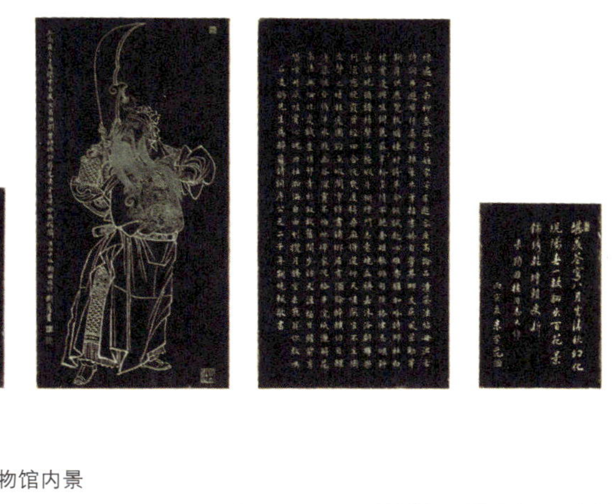

碑刻博物馆内景

朱氏盆景园

级大奖。

2009年，朱能养被载入《江苏省非物质文化遗产普查·苏州市吴中区资料汇编》“传统技艺·东山盆景栽培技艺”。

奇石园 由村民许俊杰于2005年创办。二十多年来，共收集200多件太湖奇石和根雕作品，有蘑菇云、老人峰、磊泪流对等奇石，它们形态各异，或动或静，妙趣横生，令人爱不释手。其中有著名画家吴冠中，上海旅行家、人称“现代徐霞客”的顾荣保，《中华诗词年鉴》主编、上海诗词楹联协会副会长、书法家鞠国栋和安徽书法家赵杰等，为奇石园题写的《猎石寻根之家》《根情石趣》等书法作品。中央电视台到三山拍摄《神州风采》电视片，还专门拍摄了许俊杰搜集的太湖奇石和根雕艺术作品。

老龙探海

◉ 旅游线路与项目

三山景区山水灵秀之中点缀着板壁峰、狮身人面石、牛背石、十二生肖石、皇家采石场等十大奇石奇景，拥有古村游、水上运动、拓展速降、太湖湿地游、环岛自行车、沙滩手球、沙滩足球、露营、篝火晚会等旅游项目。

陆上游览线路[①] 柳堤双荷—太湖三山岛国家湿地公园—娘娘庙—绿洲芳魂—狮身人面石—行山晨钟—板壁峰—宋代花石纲遗址—云林环秀—旧南寺。

桥头渔鼓—薛家祠堂—清俭堂—九思堂—三峰寺—大佛字—师俭堂。

柳堤双荷—太湖三山岛国家湿地公园—娘娘庙—绿洲芳魂—宋代花石纲遗址—牛背石—白猫石—水上运动场（摄影基地、皇家采石场）—十二生肖石。

水上游览线路[②] 水上运动场（摄影基地、皇家采石场）—太湖三山岛国家湿地公园—泽山—厥山。

① 沿途各点均有自行车出租。

② 游客可乘坐皮划艇、竹筏游览，如有团队活动，可租用龙舟，举办龙舟比赛。

太湖湿地体验游 设有湿地农业、渔业、娱乐等游客参与性极强的旅游项目，使游客能够体验湿地，开展各种水上活动及其他文化娱乐活动。体验区依托太湖丰富的鱼类资源，开设垂钓项目，游客可亲身参与其中，感受太湖渔文化，以及远古文化、明清古建筑文化、吴文化、佛教文化、船文化等众多文化延伸活动。定期举办湿地科普活动，弘扬湿地生态文明。此外，还开展环岛休闲体验游、DIY 亲子认知活动、湿地科普宣教、湿地志愿者培训、湿地体验、主题教育等活动。

游船

太湖湿地体验——亲子活动

文化旅游活动

为适应旅游市场的需求，打造融度假、休闲、观光、旅游为一体的快乐之岛，整合区域内各种旅游资源，以文化为核心竞争力，以节造势，打响三山旅游文化品牌。

“喜迎财神”活动 自2011年起，每年正月初五举办“喜迎财神”活动，是广受村民喜爱的传统民俗文化活动。活动于每年农历正月初五上午9时28分开始，地点在娘娘庙广场。8时左右，有村民将财神菩萨抬出娘娘庙，为其净身更衣。吉时到，再将财神抬至舞台，活动正式开始。有祭拜财神、喝路头酒、放生等活动。之后，由众人护卫，抬着财神巡游全岛，沿途有村民将财神迎至家中祭拜。12时30分左右，将财神抬至先奇码头祭拜，游客和村民聚在一起吃腊八粥、猜谜语，接财神活动结束。

“喜迎财神”活动

《姑苏晚报》二十四节气自然学校活动

太湖三山岛马眼枣文化旅游节

太湖三山岛马眼枣文化旅游节 自 2012 年起，每年农历八月中旬马眼枣采摘时举办太湖三山岛马眼枣文化旅游节。活动时间一般安排在上午 9 时 28 分，地点在娘娘庙广场。活动内容根据当年旅游需要进行策划，有采摘三山马眼枣、过浪漫七夕节、太湖文化笔会、宝贝去哪儿、二十四节气自然学校、认养马眼枣树等活动，一般分为 4 个主要环节：一是祈福仪式；二是开幕仪式；三是文艺节目表演；四是采摘马眼枣。

迎中秋篝火晚会 自 2014 年起，每年农历八月十五中秋节，在影视基地举办迎中秋篝火晚会。晚会场地面积 200 平方米，中间建有篝火台，有讲三山历史故事、分食月饼、文艺表演、篝火狂欢等活动。

迎中秋篝火晚会

旅游情景剧——《西施游三山》

旅游情景剧 2015 年“五一”期间，在先奇码头至娘娘庙广场进行旅游情景剧《西施游三山》表演，内容根据吴王携西施到三山避暑的民间传说改编而成。由演员扮演西施和吴王，后面有数十名随从，通过西施与吴王的对白，介绍三山的人文山水。每逢双休日及节假日期间表演。后因故取消。

◉ 配套服务

交通

水上交通 三山岛远离陆地，进出都依赖舟船。2004 年 5 月 18 日，为满足旅游发展需要，由三山村出资，购进现代化设施较为齐全的“山水号”船作为旅游及村民进出用。2006 年，又购置大型游船“蓬莱号”。

2012 年 4 月 4 日，太湖发生撞船事件（即“404”事件）后，三山村两艘大型游船“蓬莱号”“山水号”划归太湖旅游发展集团管理，村民出行均从东山长圻码头和三山岛先奇码头往返，出行免费。2014 年，三山村先后购置应急快艇 2 艘、登陆艇 1 艘。

水上交通

附：航班时刻表[①]

长圻码头—先奇码头航线

周一至周四：9:00、11:00、13:30、17:00；

周五至周日：9:00、11:00、13:30、15:30、17:00。

先奇码头—长圻码头航线

周一至周四：8:30、10:30、13:00、16:30；

周五至周日：8:30、10:30、13:00、14:30、16:30、17:00。

（苏州火车站乘502路公交车至终点站东山，换乘629路公交车至长圻码头，之后换乘游船至三山岛。）

① 由于天气等原因，会随时调整航班时间，以上时刻表仅供参考。

观光自行车

电动观光车

岛内交通 主要以电动观光车为主，观光自行车为辅。至2016年，全岛拥有电动观光车30多辆、观光自行车597辆。另有各类快速艇40多艘，负责接送游客登岛、离岛以及环岛水上观光等。

宾馆 村行政服务中心内有三山岛大酒店。宾馆为三层古典庭院式建筑，内设豪华套房3间、大床房9间、标准客房12间，共有床位36张。酒店内餐厅设有大厅、包厢，各包厢分别以“西湖”“山东”“桥头”等三山标志性地名命名。

民宿 2015年，有两户村民在原农家乐的基础上创办了民宿。艺宿家坐落在山东自然村，古井山庄坐落在桥头自然村，富有江南水乡民俗特色。

农家乐 三山特色经济之一。最初均由普通农舍改造而成，集旅社、饭店为一体，由村民自主经营，自负盈亏，为登岛游客提供吃、住、购物等一条龙服务。

二十世纪八九十年代，由于长毛兔效应，外地到三山收购兔毛、购买兔种的人不断增多，但因当时交通不便，到岛上往往需要住上几天，在农户家中借宿过夜，多有不便，所以，往返三山岛的客人迫切希望当地有解决食宿的场所。还有每年到三山写生的上海戏剧学院、上海徐汇区职工高等学校的学生，以及村公务接待都需要解决食宿的问题。1983年，桥头村村民王永安夫妇在村里的指导安排下，利用家里的空闲房屋，布置门板、竹榻、弹簧床等简陋家具，由自己炒菜煮饭，接待到岛客人。每天食宿费2元，后来增加到5元，为三山农家乐的雏形。村民许天成、沈仁兴等紧随其后，开办农家乐。当时条件极为简陋，没有水、电、卫设施，一家也仅有3 ~ 5张床位，每天食宿费10元。

1993年5月，三山岛先奇俱乐部动工，同年12月正式开业。俱乐部在位于北山北

农家乐集群

麓的竹林山地之中，建了15间森林小木屋（现旧址尚存），内配有电视、空调等设备，后因俱乐部倒闭，其下的餐厅、歌厅、森林小木屋等全部关闭。

20世纪90年代中后期，相继有桥头村村民黄福明、汪福人、黄宏图，小姑村村民秦新华、吴新宝、吴再东等陆续利用自家的住宅开办农家旅舍。

2000年1月18日三山岛通电后，农家旅舍步入发展的新阶段，并逐渐蜕变，变为被政府认可、市场接受的全新经营方式——农家乐。自此，农家乐的发展如雨后春笋，覆盖三山村全域。据2006年统计，岛上农家乐经营户达58户，床位1500张。至2015年，岛上农家乐经营户98户，床位3500张。农家乐均设有标准客房，房内空调、电视、淋浴、网络等设备一应俱全。农家乐经营收入已成为三山村民家庭收入的主要来源。

2016年三山村农家乐经营户情况表

表2　　　　单位：个

序号	企业名称	单位地址	业主	餐位数
1	东山芳芳农家乐饭店	东山镇三山村6组	姚补泉	30
2	东山佳缘农家乐饭店	东山镇三山村4组	吴石舟	40
3	东山亦家山庄农家乐饭店	东山镇三山村1组	许健民	40
4	东山水村居农家乐饭店	东山镇三山村1组	许俊人	40

续表 2

序号	企业名称	单位地址	业主	餐位数
5	东山山水别院农家乐饭店	东山镇三山村 6 组	许建明	40
6	东山建华农家乐饭店	东山镇三山村 6 组	潘建华	40
7	东山碧波农家乐饭店	东山镇三山村 4 组	秦剑刚	40
8	东山薛强农家乐饭店	东山镇三山村 2 组	薛　强	40
9	东山环秀园农家乐饭店	东山镇三山村 5 组	潘见村	40
10	东山一品山庄农家乐饭店	东山镇三山村桥头自然村	薛胜誉	50
11	东山天然居农家乐饭店	东山镇三山村	黄月琴	30
12	东山敬文农家乐饭店	东山镇三山村 2 组	吴敬文	40
13	东山三山岛古井山庄饭店	东山镇三山村 2 组	王建华	30
14	东山来秀农家乐饭店	东山镇三山村	金　鹏	30
15	东山镇三山岛园外楼农家乐饭店	东山镇三山村	王福根	40
16	东山镇三山岛剑石农家乐饭店	东山镇三山村	秦剑石	45
17	东山顺风农家乐饭店	东山镇三山村 1 组	章明喆	40
18	东山镇三山岛蓬莱农家乐饭店	东山镇三山村	黄宏图	50
19	东山镇三山岛板壁峰农家乐饭店	东山镇三山村	张　清	40
20	东山新华农家乐饭店	东山镇三山村小姑自然村	秦新华	40
21	东山正元农家乐饭店	东山镇三山村 6 组	许正元	50
22	东山镇三山岛建荣农家乐饭店	东山镇三山村	秦剑琴	40
23	东山云元农家乐饭店	东山镇三山村 1 组	秦云元	40
24	东山镇三山岛仙岛农家乐饭店	东山镇三山村	黄崇元	30
25	东山奇石园农家乐饭店	东山镇三山村 1 组	许俊杰	40
26	东山得意山庄农家乐饭店	东山镇三山村东泊自然村 4 号	查国洪	30
27	东山阿平农家乐饭店	东山镇三山村	许建平	50
28	东山金秋山庄农家乐饭店	东山镇三山村	金锡民	30
29	东山镇三山岛永明农家乐饭店	东山镇三山村	黄永明	40
30	东山镇三山岛友谊农家乐饭店	东山镇三山村	汪福人	45
31	东山福康农家乐饭店	东山镇三山村桥头自然村	孙福康	20
32	东山洪义农家乐饭店	东山镇三山村桥头自然村	程洪仪	40
33	东山桃源农家乐饭店	东山镇三山村	黄彩凤	60
34	东山栋明农家乐饭店	东山镇三山村	薛栋民	40
35	东山亲水台农家乐饭店	东山镇三山村 4 组	姚春明	40
36	东山镇三山岛水仙居农家乐饭店	东山镇三山村	章俊强	40
37	东山镇三山岛桥外桥农家乐饭店	东山镇三山村	秦永泉	40
38	东山华敏农家乐饭店	东山镇三山村 2 组	沈惠昌	40
39	东山镇三山岛鸿翔农家乐饭店	东山镇三山村	程洪祥	30
40	东山飘香园农家乐饭店	东山镇三山村 1 组	张宝国	40
41	东山望湖农家乐饭店	东山镇三山村桥头自然村	黄四新	40
42	东山康年农家乐饭店	东山镇三山村	沈康年	40

续表 2

序号	企业名称	单位地址	业主	餐位数
43	东山依云水岸农家乐饭店	东山镇三山村 6 组桥头自然村 72 号	施依萍	40
44	东山镇三山岛小姑农家乐饭店	东山镇三山村	吴新宝	40
45	东山湖山农家乐饭店	东山镇三山村	黄治民	30
46	三山岛福明农家乐饭店	东山镇三山村	黄福明	40
47	东山新盛农家乐饭店	东山镇三山村 1 组	许建新	40
48	东山镇三山岛九云轩农家乐饭店	东山镇三山村 1 组	张国卫	30
49	东山佐权农家乐饭店	东山镇三山村 3 组	曹佐权	40
50	三山岛得成农家乐饭店	东山镇三山村	夏志刚	40
51	苏州市吴中区东山田园山庄农家乐饭店	东山镇三山村 4 组	吴孝文	30
52	东山正煦农家乐饭店	东山镇三山村 4 组	黄正煦	40
53	东山岛上人家农家乐饭店	东山镇三山村 3 组	许玲宝	50
54	东山乡村人家农家乐饭店	东山镇三山村 3 组	潘小江	40
55	三山岛再东农家乐饭店	东山镇三山村	吴再东	40
56	东山赏湖之家农家乐饭店	东山镇三山村 5 组	倪文庭	40
57	东山聚仙阁农家乐饭店	东山镇三山村	黄立荣	45
58	东山南峰山庄农家乐饭店	东山镇三山村 4 组	薛庆元	40
59	东山湖中楼农家乐饭店	东山镇三山村 4 组	吴建林	40
60	东山名豪山庄农家乐饭店	东山镇三山村 1 组	秦坤洪	40
61	东山群峰农家乐饭店	东山镇三山村	吴静芳	40
62	东山彤山农家乐饭店	东山镇三山村 4 组	徐彤山	40
63	东山越人农家乐饭店	东山镇三山村 4 组	吴越人	40
64	东山湖景山庄农家乐饭店	东山镇三山村 1 组	章敏新	40
65	东山清幽小筑农家乐饭店	东山镇三山村 3 组	秦定荣	40
66	东山乐美人家农家乐饭店	东山镇三山村 1 组	查乐伟	40
67	东山兴林农家乐饭店	东山镇三山村 6 组	顾兴林	40
68	东山永乐园农家乐饭店	东山镇三山村 3 组	秦永坤	40
69	东山德先山庄农家乐饭店	东山镇三山村 2 组	秦仲德	40
70	东山旭日山庄农家乐饭店	东山镇三山村 5 组	潘旭初	40
71	东山惠齐农家乐饭店	东山镇三山村 3 组	黄惠齐	40
72	东山宝岛饭店	东山镇三山村 1 组	查国元	40
73	东山玉兰农家乐饭店	东山镇三山村 2 组	张玉兰	40
74	东山水云天农家乐饭店	东山镇三山村 4 组	姚　君	40
75	东山丁氏家园农家乐饭店	东山镇三山村 1 组	丁光明	30
76	东山鸿运农家乐饭店	东山镇三山村 6 组	沈洪骏	40
77	东山苏湖缘农家乐饭店	东山镇三山村 1 组	秦　超	40
78	东山星楼农家乐饭店	东山镇三山村	王晓星	40
79	东山洁成农家乐饭店	东山镇三山村 6 组	黄艳红	40

续表 2

序号	企业名称	单位地址	业主	餐位数
80	东山望乡农家乐饭店	东山镇三山村 3 组	秦永礼	42
81	东山三山岛汇丰农家乐饭店	东山镇三山村	夏伟锋	40
82	东山得福人家农家乐饭店	东山镇三山村 6 组	钱坤元	40
83	东山天天度假农家乐饭店	东山镇三山村 1 组	查乐年	30
84	东山日月山庄农家乐饭店	东山镇三山村 6 组	许明路	40
85	东山薛宅小筑农家乐饭店	东山镇三山村	薛国荣	40
86	东山潘寅达农家乐饭店	东山镇三山村 1 组	潘寅达	40
87	东山阿张农家乐饭店	东山镇三山村 1 组	张国刚	40
88	东山悦来农家乐饭店	东山镇三山村	黄治良	40
89	东山香溢农家乐饭店	东山镇三山村 6 组	许建元	50
90	东山环碧山庄农家乐饭店	东山镇三山村 6 组	姚湘荣	40
91	东山其根农家乐饭店	东山镇三山村	陈其根	30
92	东山伟强农家乐饭店	东山镇三山村 2 组	秦伟强	30
93	东山岛中家园农家乐饭店	东山镇三山村 3 组	黄吕华	30
94	东山至佳处农家乐饭店	东山镇三山村	吴弼人	40
95	东山觉如农家乐饭店	东山镇三山村 4 组	吴觉如	40
96	东山宝坤农家乐饭店	东山镇三山村 4 组	夏宝坤	40
97	东山惠元农家乐饭店	东山镇三山村	吴惠元	40
98	东山水韵岛生态农庄	东山镇三山村 1 组	许建亚	40

三山岛旧石器时代文化遗址

历史文献中对太湖地区文化和历史的记载，主要始于三千年前吴国的建立，认为吴文化是太湖地区文化的主体；而吴文化的形成与太伯、仲雍不可分割。《史记·吴太伯世家》载："太伯之奔荆蛮，自号句吴，荆蛮义之，从而归之千余家，立为吴太伯。"自此，吴文化开始形成与发展。而三山岛的考古发掘，则将文献记载的历史向前推至距今一万年以前。三山岛旧石器和哺乳类动物化石的发现，第一次揭示了太湖地区一万多年前的面貌。说明在吴文化正式形成之前，太湖地区就有旧石器时代文化，民间有"先有三山岛，后有姑苏城"之说，也由此得到了印证。苏州文史专家钱正称："三山文化，当为吴文化之源。"

三山岛遗址哺乳动物化石地点碑

据 1994 年出版的《吴县志》“自然环境”记载，其时在苏州境内产生的地层褶皱，有西华背斜、木渎向斜、东山背斜、缥缈峰—玄墓山背斜和洞庭向斜。其中洞庭向斜位于洞庭东、西山之间，呈南西—北东走向。北东端在胥口、蒋墩一带昂起，南西端在三山岛昂起。由此可知，一亿年前，三山岛开始生成。但当时只是洞庭低山丘陵区的小山，和洞庭东、西山陆地相连。至更新世中晚期和全新世早期，前后发生三次海侵、海退，时间正值两次冰河期与最后一次亚冰河期。海侵期间，鸟类飞走，哺乳类动物只能到高处避难，却因不胜冰河期的严寒和食物的匮乏，纷纷死亡。其中被泥沙裹入地下的动物遗体，经过长期的硅化，变成化石。今三山岛发现的哺乳类动物化石群，证实了一百多万年前这里发生的自然劫难，同时也证实了当时三山岛是古陆地的一处丘陵。

三山岛旧石器时代文化遗址位于清风岭西南麓，分布在长约 60 米、宽约 12 米的窄长湖滩上，总面积 700 多平方米，实掘面积 36 平方米，文化层厚度约 40 厘米。

◉ 考古发掘

初次发掘　1984 年 4 月 9 日，苏州市园林局规划科工程师黄玮受局领导委托来到三山实地踏勘，义务为三山岛设计风景区总规划。他到三山岛后，受到当地风景文物义务保护小组（以下简称文物义保小组）的欢迎和帮助，小组成员陪同黄玮走遍全岛，深入了解情况。4 月 11 日下午，一行人在清风岭西南麓的湖滩上继续踏勘。时近黄昏，有人发现一个疑似溶洞的洞壁口。溶洞是石灰岩长期受水溶蚀而成的空洞，洞内有钟乳石、石笋和不可名状的怪石，构成了奇妙的景观，较有观赏价值。

第二天，组织 5 名青壮年开始挖掘。4 月 14 日上午，洞口显现。之后继续挖掘，到 4 月 17 日下午，挖出一个深 6 米、宽 2.5 米、高 2 米的洞穴后，暂时停止挖掘。与此同时，又在龙头山等处捡到动物化石等，再结合上海五香豆厂退休工人韦鹤鸣两年前在岛上捡到的一枚磨光石片和一些动物化石，经专家鉴定是新石器时代遗物。是日，他们向有关领导和部门打报告，请求考查鉴定：三山是否是古人类遗址，并继续挖掘新发现的石灰岩溶洞。

古溶洞

出土的旧石器

4 月 20 日，吴县文管会接到报告后，就三山岛的考古发现，致函南京博物院。几天后，南京博物院派员到三山岛考察。通过鉴定，清风岭溶洞在古生代石炭纪、二叠纪时代形成，该时期也是西山煤矿的形成期。工作人员还在溶洞附近发现了燧石，专家叮嘱韦鹤鸣等文物义保小组人员说："燧石是制作旧石器的材料，今后挖掘时要注意不规则的石头，如果发现，那很可能就是旧石器。"同时，专家对采集到的哺乳类动物化石进行鉴定，地质年代确定为晚更新世。也就是说，在一二百万年以前，三山岛一带已有多种哺乳类动物存在。几个月后，文物义保小组在清风岭溶洞沿湖处，发现打制石器两件，随即送到苏州、南京。经鉴定，一件是玛瑙砍砸器，一件是燧石圆盘形刮削器，均为旧石器时代遗物。

专业考古发掘 1985 年 5 月 22—24 日，南京博物院、苏州博物馆、吴县文物普查领导小组以及上海大学文学院的专家学者们，进行为时三天的考古试挖。他们在龙头山、小姑山挖掘到古哺乳类动物化石，动物化石挖掘点选在垂直发育于石炭系上统船山组灰岩中的裂缝中。灰岩层面倾向东北，倾角为 21 度。裂隙走向近南北，宽 3 米，厚 4 米，纵深露出部分长 8 米，相对标高约 35 米。堆积物为褐红色亚黏土，无层理结构，化石散布在堆积物的下部为多。

11 月 11 日，南京博物院考古部主任纪仲庆和张祖方、上海大学历史系讲师陈淳等到吴县联系考古发掘事宜。之后，吴县副县长俞捷、苏州市文管会办公室主任汪家骅、苏州博物馆副馆长陈玉寅和吴县文管会张志新、金文辉，以及东山乡副乡长庄德胜一同到现场勘察，确定发掘地点。11 月 29 日，组成由南京博物院主持，上海大学、苏州博物馆和吴县文管会相关人员共同参加的联合发掘小组，并明确“要有利于科学发掘、有利于科学研究、有利于古文化遗址的保护、有利于风景区的规划和建设”的原则。12 月 3 日，经国务院、文化部批准，由南京博物院、上海大学文学院、苏州博物馆、吴县文管会组成联合发掘队，负责正式发掘工作。

出土文物

石器　清风岭溶洞发掘出大批石器，数量有 5000 多件。经鉴定，均为旧石器时代的打制石器。三山岛发现的打制石器属旧石器时代晚期，距今约 1.2 万年，那时人类已进入原始氏族社会。该时期以北方的山顶洞人为代表，如今在太湖地区发掘出一万年前旧石器时代生活场所遗址，从发掘出土及附近采集到的石器标本看，石核石器和石片石器都有，多以变质岩作为原料，而以凹刃刮削器为代表性石器。打制十分讲究，在打击而成的月牙状凹刃上，都留有修理的疤痕，刃口又经加工，打击成细牙密布的锯齿状，使切割锋利。根据对这批旧石器各方面分析，石制品中成型器物所占比例小，残次品率较高，因此可以初步断定，该处很可能是古人类制作石器的加工场所。再从数量丰富的石片等使用工具推测，除了制作石器之

哺乳动物化石——牙齿

哺乳动物化石——上、下颌骨

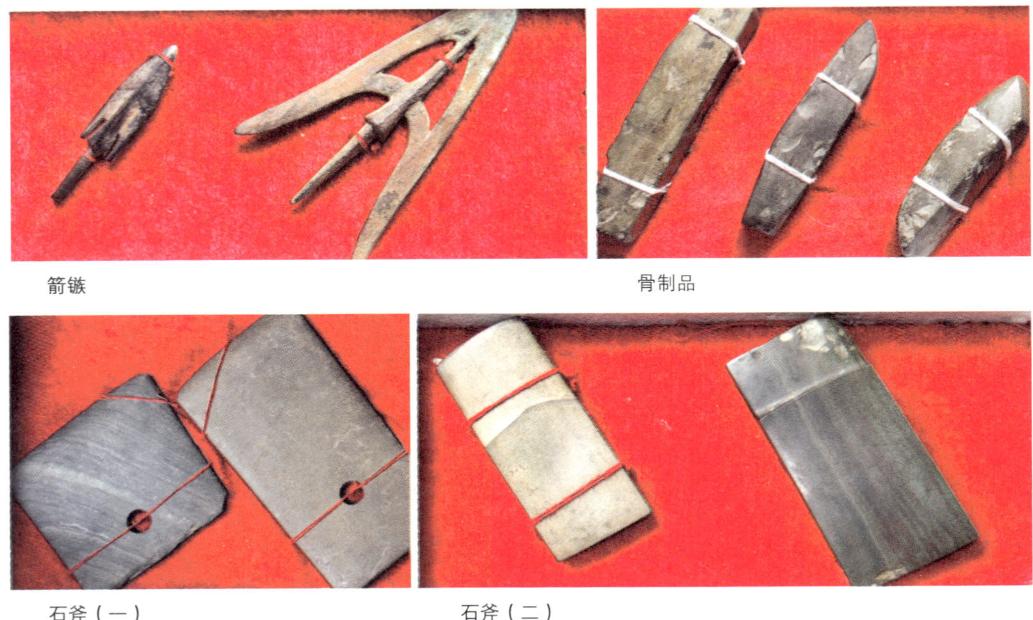
箭镞　骨制品
石斧（一）　石斧（二）

外，古人类又将此地作为季节性生活营地，在气候适宜和食物丰富的季节，到此地短期居住，并打制石器工具，现今出土的旧石器，就是他们遗留下来的。

动物化石　三山岛还出土有各种动物的牙齿，上、下颌骨，粪便化石共600余种，及大量动物的骨骼。除之前发现的灵长目（猕猴）、啮齿目（黑鼠、豪猪）、食肉目（貉、棕熊、西藏黑熊、鼬、狗獾、最后斑鬣狗、猞猁、虎）、偶蹄目（野猪、似水鹿、斑鹿、鹿、牛）等5目18种动物化石外，新发现犀牛和狼的牙齿化石。

文化论证

“三山文化”　据《三山岛旧石器时代晚期遗址发掘报告》，著名考古学家贾兰坡“对调查发现的标本予以充分肯定”。这份发掘报告，肯定了三山岛是长江中下游地区首次发现旧石器的地点，大批旧石器地发掘，说明那时已有古人类在这一带活动。他们在清风岭下燃起的篝火，照亮了长江下游最初的文明，证明了长江流域和黄河流域同样是中华民族的摇篮，并被命名为“三山人”“三山文化”。

三山岛旧石器时代的文化内涵，被看作长江下游旧石器时代晚期文化的一个代表。该遗址的发现，填补了中国晚更新世哺乳动物群分布上的空白，对研究太湖的成因、确定长江中下游乃至华东地区的成陆年限、生态环境的变迁等都具有非常重要的参考价值。1995 年 4 月 19 日，三山岛遗址及哺乳动物化石地点被公布为江苏省文物保护单位。

链接：长江流域和黄河流域同是中华民族古文明摇篮
——长江下游首次发现旧石器晚期遗址①

中国长江下游最近第一次发现旧石器时代晚期遗址。有关专家评价这次发现是长江下游史前考古的重大突破，它不仅填补了中国旧石器时代文化分布的空白，把人类在这一地区生活的历史由新石器时代上溯到距今一两万年前的旧石器时代，同时进一步证明，长江流域和黄河流域一样，同是中华民族古文明的摇篮。

这次发现的旧石器时代晚期遗址，是在太湖三山岛清风岭下发掘出来的。遗址面积约 500 平方米，文化层厚约 50 厘米，在发掘的 36 平方米面积内，出土了有打击痕迹的石核、石片和石器等 5000 多件，其中以刮削器为主。从石制品的加工技术及器物组合的情况来看，地方性文化色彩很浓，与华北地区的旧石器有明显的区别。初步考证，这里当为古人类的石制品加工场和季节性居住地。

在三山岛的一个灰岩裂隙中还出土了一批更新世中晚期的哺乳动物化石。动物种类有狗、熊、黑猪、鹿、犀牛、猕猴等 20 种。从这些动物化石看，当时的古地理环境以低山丘陵的森林草原为主，气候也比现在较暖。

这一新闻意义重大：长江下游已发现的史前文化遗址，最早为新石器时代，以河姆渡文化、马家浜文化、良渚文化为代表。如今三山岛发现了更早的旧石器时代文化，不啻是一大突破。这是长江下游首次发现的最古文明，足与黄河流域最早的文明交相辉映。新闻发布后，立即产生了轰动效应，默默无闻的三山岛也因之声名大振。

① 作者：姜玉明，原载于《人民日报》1986 年 1 月 19 日。

远古人类塑像

三山习俗

三山岛历来有吴头越尾之称，由于地处吴越交界，受吴越文化交替影响，形成了具有地域文化特色的婚俗、白云葬、四季戴草帽、冲煞、水铺蛋敬客、接财神、“猛将会”、关帝会、娘娘庙佛事等民风习俗。

◉ 婚俗

三山婚俗为东山婚俗的组成部分，在继承的同时，具有较强的地域特色，包括合八字、定亲、接亲、拜堂、开宴、闹新房等，一些习俗仍流行于三山岛。

合八字 姑娘到了十七八岁，被某个小伙子看中或小伙家人看中，男方便委托媒人前去女方家说亲。女方家人（主要是父母）认为男孩子人品长相、家庭情况适合，征求姑娘同意后，便答应亲事。之后男方选择吉日，请媒人“送盘小定”，盘内为四式茶食、礼金，如桂圆、枣等，但必须有一包茶叶，三山传统习俗认为三片茶叶底沉，象征男女双方，一定百年好合。女方再把姑娘生辰八字交与媒人，叫“出八字”，也叫“小定”。男方得到姑娘“八字”，若满意，便将自家儿子的生辰八字与姑娘生辰八字一起送给算命先生占卜命相，看是否适合，叫“合八字”。

定亲 八字合适便成。男方回家后选吉日，通知女方正式定亲，叫“送大盘大定”。“大盘”一般有八式礼物和礼金，还有姑娘的饰物，如戒指、耳环等，及姑娘的服装、布匹绸缎等。双方婚事就此正式确定。男方还要将姑娘及女方家人邀请上门，办几桌定

三山婚俗表演

亲酒席，在至亲好友中宣布婚事，也叫喝“定盘酒”，以便日后走动，培养夫妻感情。陪同喝“定盘酒”的亲友长辈都要给姑娘发红包，作为见面礼。

定亲以后何时结婚由男方定，一般先由算命先生或懂事人挑选良辰吉日。选定后，须在半年前由媒人通知女方，通知时要包红包礼金；同时也向自家亲友分发以本族最高长辈名义签发的请帖。收到请帖后，亲友们应提前送红包给婚家，叫“人情”。

接亲 结婚前一天晚上，男方家设宴，叫“落桌酒”，即“接亲酒”。白天，账房、司礼、乐队、喜娘、媒人、帮佣、轿工等陆续到位。前一天，由帮佣到亲友家口头邀请，当天早晨还要再邀请一次，叫“三请四邀”。喝完“落桌酒”后准备接亲，三山规定是由新郎的兄嫂或堂兄嫂或平辈夫妻去接新娘。接亲队伍中，兄嫂手执一个包，包内有新娘服饰、糖果糕点、香烟之类。时辰到，点燃爆竹，吹奏乐器，花轿出发。

到女方家大门前，大门紧闭，先放爆竹，再吹奏乐器。若新娘家还是不开大门，则双方对话，通过门内外谈判，门内之人讨要些喜钿、糖果、香烟之类。兄嫂代表男方，将钱物交给女方代表后才开门。花轿进门后抽出轿杠，移到厅堂停放，轿帘拉起。新娘仍在房内梳妆，兄嫂偕同喜娘、媒人、新娘母亲等人进入，带着衣服，帮着换装打扮。吉时到，喜娘扶着新娘到厅堂拜别父母，哭哭啼啼上轿。新娘出嫁一定要哭，称“哭发哭发”。新娘随身带的箱放在轿内，喜娘拎着子孙桶，内放五个红鸡蛋（寓意五子登科）、小包云片糕、饭碗、两双筷子和草纸、万年青、吉祥草等，跟随其后。轿子移入天井或门外，插上轿杠，爆竹震天响，起轿回男方家。男方家早已组织同辈兄嫂、小姑等人在大门口迎接新娘，婆婆（新郎母亲）也在门口，主要是接子孙桶。

花轿到，婆婆从喜娘手中接过子孙桶进入大门后，有很多姑娘、小伙围着婆婆抢夺桶内的红鸡蛋，叫“抢红蛋”。之后新娘下轿，由喜娘搀扶、小姐妹簇拥着，进厅堂“坐茶”。新娘先喝糖汤（糖茶），片刻后再由喜娘搀扶入新房。旧时三山规定，新郎、新娘不能见面，见面称“碰逆面”，犯冲。

拜堂 司礼报时辰到，开始拜堂成亲仪式，新娘由喜娘搀扶，新郎由男宾陪同，同时进入正厅。正厅中央案几前并排放两个八仙桌，桌子围上红桌围，桌上点燃一对大红花烛，还有万罗头（旧时的淘米箩）等物。桌前地上铺着大红毡毯，司礼高喝，乐队吹奏，拜堂开始。一拜天地，夫妻对拜，都要三跪九叩。拜堂后夫妻要进洞房，一路上新郎、新娘不能直接踏地，要踏袋，即用数个麻袋铺在地上，新郎、新娘手牵着红绸带，红绸带中间有个大红花结，叫“永结同心”，踏着麻袋进洞房。两名男孩捧着花烛引路，司礼高声叫喊“传代”，帮佣立即把后面走过的麻袋接过去传到前面再铺到地上，叫“传代接代”，直到洞房门口。进洞房后，新娘坐在床沿上，新郎挑方巾。挑方巾时用秤杆，“称心如意”；或用甘蔗，“老来甜、节节高”。花烛放在床前柜上，挑开方巾，这时才看到当天新娘的容貌。之后祭祖。有祠堂的人家先将祭祀供品放入祠堂，开正门摆开场面，然后新郎、新娘由家人陪同，喜娘搀扶新娘坐轿去祠堂祭祖。没有祠堂的人家则进家堂祭拜，同样的布置，司礼唱名，吹奏乐器，夫妻跪拜祖先，然后回厅堂再拜上祖，厅中横排三个八仙桌，桌上菜肴，三面三排放置数十个酒盅，倒满酒，乐队奏乐，跪拜上祖。

之后是见礼。新郎、新娘再由喜娘、司礼等人簇拥搀扶，从新房来到厅堂上，厅上原拜堂的供桌前并排放着两张太师椅或靠背椅，铺上红毡毯，公婆双双坐着，接受新郎、新娘跪拜见礼，有的当即拿出金银首饰，送给新娘作见面礼，也有以喜封赠送；其他长辈，如叔父、伯父、娘舅、姑夫、舅母等也要见礼，在靠椅旁见面还礼。也有客气不肯上前见礼，喜娘扶着新娘追着见礼，凡长辈见礼都要封红封，叫“见仪”，见仪钱都归新娘所有。

开宴　拜堂结束后就是“开宴”。由懂事账房把赴宴客人名字写在小红纸上，贴在宴桌上，叫“排席位”。排席位非常严格，原则是：父子不同桌，男女不同桌，长不陪幼。娘舅、姑夫属外姓客人，叔伯父属本姓，因此，娘舅、姑夫由叔伯父陪同，表兄弟由堂兄弟陪同。新郎有席位，由小朋友或表兄弟陪同。新娘坐女桌正席，由小姐妹等陪同。酒过三巡，始上蹄髈，之后帮佣送上一个小盆子，里面一张小红纸上放两个小酒盅，示意可开拳。婚宴不限时间，甩拳猜令，由中餐可以持续到晚餐。吃好玩好后即上最后一道菜“全鱼”。

闹新房　吃过晚宴后是闹新房。三山“闹”得比较文明，一般到晚上12时左右，新娘打开随身箱子，把箱内糖果、糕点、香烟分发给大家后，众人慢慢散去。以前有种说法，闹新房三天无大小，可以闹三天。

新亲宴　第二天为新亲宴，新亲上门。在结婚前一天，男方就向女方家发请帖邀请，女方即把写有上门亲戚姓名、称谓的“客码单”交给男方。男方接到“客码单”后再重新发请帖，每户一份，正式邀请。但岳父、岳母每人一份，阖第光临。上门前还须派人口头邀请。

女方上门亲戚都在女方家集合，由岳父带领，到男方家上门做新亲。男方家也以同等辈分在大门外以爆竹鞭炮迎新亲。新亲进门后，男方家陪同在厅堂坐茶，四盘水果、茶食、糕点，每人一杯糖茶，意为“甜甜蜜蜜”。坐茶后自由活动，大多数都进新房，认新房，看新郎、新娘。中午开宴也排席位，岳父由叔父或伯父陪同，其他都是同辈分陪同入席。之后开拳，由正桌岳父先开拳，等到正桌收令停拳，便陆续吃饭，之后散席。喝茶休息后，岳父集合新亲告别，男方家再放爆竹鞭炮送出大门。

回门、答谢 第三天，新郎、新娘回门作“三朝”，男方家设宴答谢媒人喝“谢媒酒”，第四天还要设宴答谢账房、司礼、帮佣等，新郎、新娘还要回娘家，叫“复脚”。吃完“复脚”，婚礼方告结束。该婚俗仍在三山岛上流行。

◉ 白云葬

三山岛在太湖之中，远离陆地，长期以来一直沿用棺木土葬，但葬礼有别于其他地区，当地人称为“白云葬”。

入葬 白云葬的第一步先是棺木处理，先在棺底铺好石灰，约占棺内空间的一半，石灰上铺多层整张白纸，纸的两边均高出棺口。亲属（一般由儿子担当）为死者净面、净手、净脚后穿上殓衣，用细绵裹住尸身，然后由子女抱头、抱脚轻轻放入棺内。先把高出棺口的白纸按下盖住裹尸的丝绵，后用小块石灰将棺壁处空隙填满塞紧，使之略高于尸身，再把覆盖在尸体上的白纸翻起来，将石灰全部包住，再把尸身上的丝绵翻出来，让丝绵嵌在白纸外面，这种做法，称之为“开相”。开相完毕，在死者齐胸处盖一条外红里黑的小被后，亲友们依次绕棺一周，瞻仰遗容，向遗体告别。

盖棺前，先用红线系一枚方孔古铜钱测定中心，小钱垂下直对死者鼻尖，由亡人儿子看过后定准，收回红线，用小被盖住头部，然后在棺内放入死者生前最喜爱的一些东西，如烟具、茶具、笔墨纸砚、书本等。盖棺的礼仪最受重视，除盖棺人之外，所有人都需远离棺木，盖棺人盖棺时，身体略微后仰，不能有任何身影投入棺内。盖棺完毕，用红色薄被罩上棺木，在棺前设供桌，放煮得半熟的全鸡、全鸭、大块猪肉和其他菜肴，点上香烛后开始祭奠，所有亲属按血缘远近和辈分高低排列，顺序跪拜叩头，祭奠完毕后送葬。

送葬 送葬以直系亲属为主，亲戚朋友如来送葬，都要戴孝（黑臂纱）。子女及直系亲属紧随在棺材左右或后面。途中停棺三次，由亲人拜哭叫魂，据说是引导死者灵魂到山上落葬处安息，以保家宅平安。到达葬地后，亲人再一次跪拜，棺材入穴，由坟工埋葬，从此入土为安。

儿子把盖在棺上的红被围在头颈，领着送葬人回家。在丧家门口早准备了燃旺的火盆，送葬的人依次从火盆上跨过，由留家的亲属给每人发一点红纸，之后亲戚朋友便可以不戴孝，摘下黑臂纱，各自回家，名为“除孝”。至此，白云葬仪式方告结束。

◉ 生活习俗

四季戴草帽 很多地方的农村妇女只在夏季戴草帽，而三山妇女却是一年四季都戴草帽，该习俗自古延续至今。相传春秋时期，三山和东山、西山一样，同是吴王游山玩水之地。吴王的女儿也常到三山游玩，至今遗迹犹在。每次出游，不管春夏秋冬都戴顶草帽，人们猜测，可能是她怕阳光照射损害皮肤，戴了帽子后可保护其美丽的容颜。从此，当地妇女便学她的样子戴起了草帽。久而久之，尽管草帽的样式发生了较大变化，但能遮阳蔽荫、避风挡雨的作用还是一样。直到现在，妇女劳动时必戴草帽，这也就形成了三山岛妇女四季，甚至终生都要戴草帽的一个独特习俗。

三山人不食鳜鱼 鳜鱼，又名句鱼、桂鱼，是太湖著名的水产之一。然而千百年来，喜食鱼腥虾蟹的三山人，却从不食用肉嫩味鲜的鳜鱼。在三山岛人心中，“句吴”（鳜鱼的古方言）一直都是图腾的象征。

岛上至今流传着三山人不食鳜鱼的传说，一种说法可上溯至4000多年前。据《尚书・禹贡》载，虞夏之际（约公元前21世纪），震泽（今太湖）有部落陶臣氏、乌陀氏、鸿蒙氏和若繇余氏游居于太湖一带，因助夏禹治太湖水患有功而受封赐，其中若繇余氏居地（今苏州一带）封为吴。《史记》等书对此也有记载，称大禹看到若繇余氏崇拜句鱼，就赐姓封为“吴”。而每逢部落集会时，若繇余氏的女首领便揭竿立旗，旗上用赭石粉画一条凶猛的句鱼，作为图腾，顶礼膜拜。无论狩猎、捕鱼、采集等，女首领都要高举图腾引导，活动范围直至虞山脚下的出海口。所以，不食鳜鱼的习俗源自于三山岛人对神灵的敬畏，对先民的尊崇。

另一种说法是，吴王阖闾爱女胜玉生前最爱吃鱼。有一次，太湖渔民进贡了一条大鳜鱼给吴王，阖闾尝后觉得味道鲜美，吃了一半时想到女儿爱吃鱼，便把鱼翻身后，命人给胜玉公主送去。胜玉公主发现是吃剩的半条鱼，便心生不快，又想到仙逝不久的母后从不吃鳜鱼，现在父王送来吃剩下的半条鳜鱼，表明父王已把母亲忘却，而且也表现出对自己的轻慢。她越想越生气，一气之下便出宫，在阊门外跳河自杀。吴王得知后长叹一声，便把她安葬在其外婆家三山岛上，并修筑吴家家庙，人称娘娘庙，因此，三山人就再也不食鳜鱼了。

水铺蛋敬客 凡外地人到三山岛寻亲访友，一进门，热情的主人敬客的第一个食品便是一碗热气腾腾的水铺蛋，既当茶水又当点心。水铺蛋四个一碗或六个一碗，一定要放双数，以取个好彩头。四取“四季平安”之意，六取“六六大顺”之意，奉上的都是主人美好的祝愿。

水铺蛋敬客和三山岛的物产有关。旧时湖岛交通不便，来往客人又少，待客之物平时很少准备。另外，三山人专植花果，不事渔牧，尤少蔬菜。鱼肉、蔬菜要离岛购买，鱼肉很少吃新鲜的，腌制后以备风浪阻航时才拿出来做菜吃。但家家户户都饲养家禽，禽蛋便成为最佳的待客食品。

水铺蛋煮熟后，蛋形如元宝，蛋白似银，蛋黄如金，以此敬客，恰似把元宝送给客人一般，敬受两方都欢天喜地。有女出嫁，也要请她先吃红枣煮蛋，取“早生贵子”的佳兆。因此，水铺蛋敬客为三山岛受人喜爱的习俗。

三山民居的烟囱顶 三山柴草多，家家户户以此作燃料，至今，部分村民仍沿用古老的砖灶。灶的样式大致相同，而露出屋面的烟囱顶端，却是各家不同，别具一格。其他地方农村的烟囱顶端一般用两块瓦片搭成半圆形，而三山岛上的烟囱顶端却种类繁多，有梅花形、品字形、玉兰形、亭子形、平台形、重叠形、桥形等 20 多种，三山人称之为“顺风”。之所以费工费料制作，因为其不仅能防雨水、通风排烟，更重要的是增加烟囱的牢固性，可以适应太湖地区疾风暴雨的侵袭，防止烟囱倒坍，烟囱倒坍在三山人看来是最不吉利的事。

烟囱上饰物的美丑优劣，取决于工匠的技艺，高超的工匠不仅技艺精湛，且善解主人之意，能按住房条件制作相称的饰物，以衬托房主的身份，使人一看便知这家主人的社会地位和经济实力。就工匠而言，制作烟囱饰物也能显示其技艺，做得越精巧、越新奇，就可以多揽工，有更多的收入。据老人讲，烟囱饰物的另一作用是为灶皇菩萨添光彩，使他乐意“上天奏好事，回宫降吉祥”，保家人平安吉祥。

冲煞 旧时，三山有一习俗，名冲煞。煞无影无形，又称煞气，据传，谁冲撞了煞气就会有性命之忧。连娶亲的花轿、出殡的棺材，也有所谓“喜煞”“丧煞”。因此，看娶亲不能冲在花轿前面，看出殡不能冲在棺材前面。煞有三煞、五煞、七煞，还有月三煞、年三煞等。

人们认为煞气来自土中，因此过去三山人在房屋、坟墓上动土，如修祖坟、砍大树、造房屋，甚至搭建羊棚、猪圈、柴房时，都要选日择时。有的人家事前甚至请风水先生测算日期。工程完工，要送“太平土”，将竹匾或蚕箪放在地上，后面供着用黄纸写的符官、土马。二十个酒盅分别摆成两个三角形，芦秆分成二十双，放在中间，前置条肉、鲤鱼等；再放一碗炒米和炒蚕豆、一盆云片糕，糕上写着十二时辰，代表十二生肖。供奉后焚烧符官、土马、芦秆、纸锭，再将炒米、炒蚕豆撒在现场，即谢土完毕。

冲煞气还与人的属相有关。对此种冲煞比较慎重，不能让人看见，所以时间选在半夜，将米粉做成十二生肖状蒸熟，加上猪头三牲、大鱼大肉、符官、土马，另加活雄鸡一只，请内行人去供煞。供后焚烧锡纸、纸锭、元宝等物，再撒炒米、炒蚕豆，将活雄鸡当场宰杀，鸡头丢在现场。旧时，冲煞在三山十分流行，因旧时称三山为“邪地正神”，意思是土地上邪气较重，不能随意冒犯；而庙宇内神仙却十分正派，不会无故加害人间。今已废除。

◉ 庙会

“猛将会” 三山最隆重的庙会，从每年除夕开始“接会”，到第二年正月十三结束，其中十一至十三“出会”，抬猛将神游山三天。主持仪式的人家叫当会，其他三四户人家分别称头会、二会、三会、末会。每年大年夜，头会人家将猛将神从庙内接出来，在自家客堂供奉；三四天后，由二会人家接去；之后为三会人家；正月十一，由末会人家接走；十三“出会”后，猛将归殿。

三山有七堡九猛将，加上泽山两猛将、厥山一猛将，每逢过年，全村共有十二户当会人家。除夕吃过年夜饭，庙会开始，许多妇女无论大小都会往会里跑，喝茶，嗑瓜子，吃糖果，唠叨家常。青年男子则敲着锣鼓去串会，有的连除夕守岁都不回家。有些青年男子串会，还演地方戏，如《苏三起解》《水漫金山》等；也有唱山歌的，如唱刘猛将身世等。还有一些中老年人聚集在一起敲锣打鼓，敲法为“七五三”，嗒鼓（板鼓）领头，指挥鼓、锣、钹配合有序，音韵和谐，远听更为悦耳，可惜今已失传。

也有人喜欢恶作剧，深更半夜时敲锣打鼓去串会。会主已睡，听到锣鼓声只得起床开门迎接，捧出糖果、瓜子、茶，招待串会者。遇到不起床开门的人家，串会者就会在门窗前敲锣打鼓，使人无法入睡，只得开门。就这样，要闹到正月十三猛将归殿才结束。

“出会”从正月十一开始，队伍从山东出发，前有华盖、大旗、小龙旗开路，中间敲锣打鼓抬猛将，后面跟着看热闹的男女老少，一路游行到东泊，和新会、老会汇合，再往许家浜会许家猛将。到桑梗路口，桥头猛将，上横、下横猛将已在那里等候，走李家桥出塘子弄到西湖，西湖猛将已在李家桥等候。再走断山头到小姑，小姑猛将在平盘上迎接。这样，三山所有猛将齐聚，再绕小姑泥路去中峰寺，歇会后从西头站（地名）到桥头，在会角至圈门的路上进行“抢轿”比赛：四人抬猛将轿子行走如飞，“倾跌为乐，不为慢亵”（猛将不怒）。然后经观音堂到三峰寺前的场地上，后上北山，再到南山平山顶，歇会后抢会。平山顶场面大而且是茅草地，许多轿子同时奔跑，争先恐后抢第一，以保来年蚕花丰收。跌倒了爬起来继续跑，称为“赛会”。

在三峰寺歇会时间比较长，由当会人家散发茶点，供奉猛将神馒头。馒头馅心用蚕豆沙而不用赤豆沙，原因是猛将神幼年丧母，一次，他祭扫母坟，在坟上的赤豆藤里跌破了头，从此对赤豆有所忌惮，故不用。

从平山顶赛会下山东，山东猛将即退在“出会”队伍之后，不再去东泊。但要把庙会队伍送到东泊沙滩，送出潼关才回山东。这样的“出会”要持续三天。到正月十三，送出潼关回来后即归殿。是日下午，当会人家在佛堂前抓阄排明年会次，“猛将会”结束。

关帝会　关帝是三山人最崇敬的神灵之一。关帝会在农历五月十三，费用按三山七堡轮值，再由该堡居民募捐摊派。在五月十二傍晚由轮值堡将关帝从庙中接出，在桥头堡浜场搭棚供奉。是夜，锣鼓喧天，岛民磕头焚香，许愿祷告，热闹非凡，轮值堡派人守夜至天明。第二天上午先祭供，供品有三牲（用于祭祀的牛、羊、猪）、鱼、全鸡、水果、茶食等；还点高香，烧纸元宝，善男信女磕头许愿，祈求太平。然后开始出会游山，抬轿队伍从桥头浜场出发，到清泉庵前稍歇片刻后，经横桑梗路折南向李家桥塘子弄，到西湖走断山头至小姑，绕泥路上中峰寺前歇会后，回桥头到三峰寺前庙场再歇，休息后上北山，停歇后下山到山东，出潼关走沙滩到东泊回关帝庙，关帝归殿，庙会结束。

出关帝会时，先用大刀开路，意为喝令路上冤魂野鬼、妖精邪神回避，将路两旁伸

供奉关帝

关帝巡游

出来的树枝砍去，使“佛轿”能顺利通过。大刀后面是两块虎头牌，一块“肃静”，一块“回避”；之后是纛旗、小龙旗、锣鼓队伍；最后是“佛轿”。轿后是关帝随身衣箱，内有两套衣袍，归殿后换旧袍，出会时换新袍。轮值堡还为抬轿出会人准备茶水、点心，在歇会休息时发放。

娘娘庙佛事 娘娘菩萨是泥塑坐身，不能抬会游山。每逢农历八月十五，庙里和尚发起佛事，有时还请客师（外地和尚）参加。

当天早上，三山的信女们提着香篮来到娘娘庙，庙里庙外布置的庄严肃穆。庙内暖阁两旁各放一个半桌，桌上有两对木鱼磬，四名和尚分两桌一起念经。信女们在和尚后面一人一蒲团席地而坐，手拿点燃的香烛，跟着和尚念经，一卷经念完后，休息再念。中午在庙里用素斋，下午三四点时送佛，送至山门外。当晚，信女们还会带儿孙拜佛烧香，陪伴娘娘，名为“坐夜”，吃糖烧芋头，品碧螺春茶，十分热闹。

每年农历年底，村民会带三牲到娘娘庙供奉，俗称斋佛。烧熟的猪头口中含有一根猪尾巴（意为“全猪”）、一只全鸡（留存几根尾巴上的毛）、一条大鱼，加上花年糕、团子、橘子等，还有几支连根香葱、青菜。每个皂隶像前放一碗白米饭，上面有一块猪肉。据传，斋佛可保佑供奉者全家来年百无禁忌、平安无事。

旧时，三山人家中养红公鸡就祭娘娘菩萨，养白公鸡就祭关帝。

除此之外，三山还有两个不固定日期的庙会，一是荒年天气干旱，久不下雨，土地龟裂，就由头人发起将关帝接出供奉，出会游山，称为“求雨庙会”；二是碰到蝗虫等虫灾，就将猛将神接出，称为“灭虫庙会”。

◉ 方言谚语

方言 由于地处江浙两省交界，洞庭东、西山中央地带，三山人的语言接近浙北，包括读音、习惯用语及谚语、歇后语等，十分复杂，既混杂着周边地区的语言，又有其独有的语言特点，形成了极具特点的“三山语”。

三山方言部分词汇表

表 3

读音	语意	读音	语意
吾	我	招黄膀	入赘寡妇家
倷	你	确鲍	吃鱼
伊	他	确蛋	吃蛋
吾伲	我们	落脱	掉落
倷笃	你们	网船浪	泛指渔家
伊笃	他们	蛳螺	螺蛳
材家	大家	蓬尘	灰尘
阿爹	祖父	场化	地方
姆妈	妈妈	葛歇	眼前
伯伯	伯父	结棍	厉害
婶婶	叔母	额	拾起
娘娘	姑妈	濛花雨	毛毛雨
小男头	未婚男子	迷露	雾
小丫头	未婚女子	塘婆鲍	塘鳢鱼
网船浪	渔家	调枪花	耍心眼
牌位	骂男人（口语）	砌理	清理、整理
咯浪	这里	外世	外地、外边
伊浪	那里	盖搭	这里、这边
嘞嗒	哪里	葛沿	那里、那边

谚语 在长期的生产和生活实践中，三山人形成了众多的谚语。谚语简练通俗而富有意义，生动形象而略带诙谐，极具地方特色。

干枣湿栗。（天气干旱对枣生长有利，天气湿润对栗子生长有利）

人勒浪屋里热得跳，稻勒浪田里开心笑。

七稀八满九摇头。（农历七月时橘树上橘子稀少，到八月就很满了，到九月就压弯了树枝）

夏至杨梅满山红，小暑杨梅要生虫。（杨梅的上市时间很短，一般仅在夏至到小暑间）

立夏三鲜，樱桃、蚕豆和青梅。

秋分要种菜，小雪就好腌。

霜降要拔葱，勿拔就要空。

三月三，黄瓜、扁蒲一齐栽。

立秋三日雨，葱、蒜、萝卜一道收。

枇杷哈哈笑，杨梅着棉袄。

治山治水不种树，有土有水保不住。

肥料足，多收谷，一季收成抵两熟。

四五六月鱼长壳，八九十月鱼长肉。

春钓雨雾夏钓早，秋钓黄昏冬钓草。

桃子树上熟，鲢鱼肥胜肉。

向日葵跌倒，张簖人吃饱。（大风天簖捕到的鱼虾多）

杨柳青，鲚毛刀剩条筋。

九月团脐十月尖。（农历九月宜吃圆脐的雌蟹，十月宜吃尖脐的雄蟹，也称“九雌十雄”）

小满枇杷黄，养蚕娘子有巴望。

太湖八百里，鱼虾捉不尽。

白露身不露，赤膊是猪猡。（白露时天气已转冷）

小暑一声雷，四五十日倒黄霉。

四月初一雨蒙蒙，西太湖里种胡葱。（将有大旱）

阵头公公先唱歌，即使落雨也不多。（天先打雷，则无大雨）

阴天太阳现一现，三天太阳勿见面。

夏雨隔块田，黄牛湿半身。

天上云像鲤鱼斑，明朝晒谷勿用翻。（天气好）

春雾雨，夏雾热，秋雾凉爽，冬雾雪。

春打六九头，柴米不用愁。（六九过后就是开春）

春打五九末，柴米难以摸。

三朝迷露起西风。

合偷一头牛，不如独偷一只狗。（与几人合做一宗大生意，得利还不如自己独做一宗小生意）

赤膊雄鸡搭鸭愁。（自己不如别人，却还在为别人着急）

空车袋下米。（形容做无本生意）

强盗女儿贼外孙。（戏称，占外婆家的便宜像理所当然一样）

茶七酒八饭十分。（待客时倒茶宜七分满，倒酒宜八分满，盛饭宜十分满）

拉勒篮里就是菜。（形容做事草率，不加选择）

东山老虎吃人，西山老虎也吃人。（做生意的人到处都一样）

一湖通百港。（行情到处都一样）

姐在湖边洗菜心，郎在对岸采红菱，采了红菱姐尝新，吃了红菱要还情，送你一块花手巾。

物产

三山岛气候温和，雨量适中，四季分明，自然条件优越。受太湖小气候影响，冬季无严寒，夏季无酷暑。一年四季，漫山花果交替，有碧螺春茶、枇杷、梅子、李子、桃、马眼枣、板栗、银杏、橘子等。同时，太湖三白（银鱼、白虾、白鱼）、太湖蟹、太湖莼菜等水产闻名全国，马眼枣酒、红烧墨驼鸭等特色美食深受各地游客喜爱。

◉ 名优果品

碧螺春茶 产自洞庭东山的吴中名茶，是中国十大名茶之一，多次获国际博览会奖项的名贵茶种。三山岛是东山镇的组成部分，其土质和气候更适合碧螺春茶的生长。碧螺春，原名“吓煞人香”，原野生于东山碧螺峰，“碧螺春”茶名相传是清康熙帝南巡时御题。

碧螺春茶的制作工艺，有采摘、挑拣、杀青、捻揉、搓团、干燥6道工序，炒制时讲究火候，搓揉时讲究外形。碧螺春形状似螺，色泽翠绿，惹人喜爱，饮时香气四溢，入口回味无穷。洞庭碧螺春制作技艺[①]于2009年6月被列入江苏省非物质文化遗产名录。

马眼枣 据2002年版《东山镇志》载，早在北宋年间，三山岛就已开始栽植马眼枣。品种有马眼枣、白蒲枣、秤砣枣、咸酸枣、水清枣、野桂圆枣等，其中尤以马眼枣最为著名，品质也最为上乘。马眼枣因果形似马眼而得名，特点是果大、皮薄、核小、肉厚、汁多，宜鲜食，鲜甜爽口，唇齿留香。马眼枣一般3月中下旬萌芽，5月中下旬开花，8月上中旬果实成熟，10月中下旬落叶。

梅子 三山岛植梅始于唐代，明清时盛行，历史上曾被列为太湖地区重要赏梅地之一。梅树为蔷薇科落叶乔木，有观赏梅和果梅两类，今三山所植大都为果梅，是重要的经济作物。据1974年资料显示，其时三山岛有梅林28公顷，占整个东山地区梅林面积近35%，品种有白梅、红梅和青梅三种，其中尤以果大肉厚的金刚梅最为著名。岛上所

碧螺春茶

马眼枣

① 苏州洞庭碧螺春制作技艺与连云港云雾茶制作技艺、南京雨花茶制作技艺同时作为“绿茶制作技艺”，于2009年6月被列入江苏省非物质文化遗产名录。

产梅子，果青色或青黄色，味酸，用于制蜜饯，可加工成话梅、露梅、脆梅等十余个品种。20 世纪 90 年代，所产梅子因质量好，生产工艺讲究，深受日本厂商青睐，苏州地区出口日本的盐渍梅的第一个集装箱，就全部来自于三山岛，为当时岛上经济收入主要来源之一。

橘子 三山主要传统物产之一，在环太湖地区极负盛名。每年种植时节，洞庭东、西山乃至浙江湖州等地果农常到三山岛延请技师，为当地橘树进行嫁接、管理、优化品种等工作，并传授技艺。域内三山、厥山、泽山均有大片橘林，所产橘子甘甜多汁，主要品种有早红、料红、朱橘、福橘、青红橘、洞庭蜜橘、温柑等。

桃 三山栽培历史悠久，繁殖多用实生野毛桃苗嫁接，管理较粗放。品种有水蜜桃系的白凤桃、红花桃、白花桃、晚陆林、雨花露等，以及白肚桃、四月桃、五月桃、紫血桃、早陆林等硬肉桃系两大类，前者主要供鲜食，后者主要供制蜜饯。近年来，从外地引进的新品种有玉露、锡蜜、蟠桃、油桃、黄桃等，主要供鲜食。因桃产量高，投产快，成本低，经济效益较好，三山人多利用地角、路边、河沿等处，见缝插针种植，很少有成片桃林。

桃

葡萄 太湖地区葡萄种植历史悠久，传说，五名洞庭福主之一的“葡萄二”专管葡萄。因交通及地域限制，三山岛葡萄栽植一直不多，只在庭前屋后有少量栽种，作为点缀、遮阳之物，很少将其视为经济作物。管理仅修剪和搭篷，少有治虫和上肥，产量不高。2012 年，引进大棚种植葡萄，面积 10 亩，年产优质葡萄 1 万千克。

太湖水产

三山岛水面开阔，水中鱼虾鲜活，据 2002 年版《东山镇志》载，三山岛周边水域共有鱼类 106 种，家鱼品种主要有青鱼、草鱼、鲢鱼、鲤鱼、鲫鱼、鳊鱼、黑鱼等。有一定产量的经济鱼类有梅鲚（短颌鲚）、湖鲚（大梅鲚）、银鱼、白鱼、红鳍笛鲷（俗称红鱼）、激浪鱼、鳜鱼（又称桂鱼）、鲶鱼、鳑鲏鱼、塘鲤鱼、蛇鮈（俗称船钉鱼）、川鲦、鳗鲡、黄鳝等。甲壳类主要是太湖青虾、白虾和太湖蟹。有谚语称："正月塘鲤肉头细，二月桃花桂鱼肥，三月甲鱼补身体，四月鲥鱼加葱须，五月白鱼吃肚皮，六月鳊鱼鲜如鸡，七月河鳗酱油焖，八月鲃鱼要吃肺，九月鲫鱼要塞肉，十月草鱼打牙祭，十一月鲢鱼吃只头，十二月青鱼要吃尾。"

太湖蟹

太湖蟹 又称太湖大闸蟹。其背壳坚隆，凹纹似虎面，色泽青，腹青白色，腹下有脐，雄尖雌团，内有硬毛，蜕壳而长，秋后肥壮。20 世纪 60 年代，曾在太湖中人工流放蟹苗，获得成功。90 年代始，在太湖中围网养蟹，收获较丰，并全面推广。三山人传统食蟹为"九月团脐十月尖"，或以"九雌十雄"为佳。

太湖银鱼

太湖银鱼 色泽似银，细嫩透明，又柔若无骨，与梅鲚鱼、白虾合称"太湖三宝"。后因梅鲚鱼稀少，"太湖三宝"改为"太湖三白"，即太湖银鱼、白虾、白鱼。春秋时期，太湖已盛产银鱼，清康熙年间（1662—1722）列为贡品。品种有大银鱼、雷氏银鱼、太湖短吻银鱼和寡齿短吻银鱼 4 种。太湖银鱼肉质肥嫩鲜美，含丰富的蛋白质、多种维生素与其他营养成分，素有"鱼参"之誉。太湖银鱼每年 5 月上市，谚语有"洞庭枇杷黄，太湖银鱼肥"。

太湖白虾

太湖白虾 俗称水晶虾。其壳极薄，通体透明，晶莹如玉，但娇弱，离水即死。太湖白虾营养丰富，每 100 克虾肉中含蛋白质 20.6 克，脂肪 0.7 克，还含有钙、磷、铁和维生素 A 等多种营养成分。可烹制成数十种菜肴，尤以"酒呛白虾"最为著名。太湖白虾捕捞旺季为 6—7 月，其时刚好杨梅上市，可谓佳果湖味齐美。

太湖白鱼

太湖白鱼 全身洁白，银光闪闪，体狭长侧扁，口上翘，俗称翘嘴白鱼。据《吴郡志》载："白鱼出太湖者胜，民得采之，隋时入贡洛阳。”可见白鱼在隋代已成为贡品。太湖白鱼细鳞细骨，肉质细嫩，鳞下脂肪多，酷似鲥鱼，味可与松江鲈鱼媲美，属名贵鱼。

太湖青虾 青虾生命力强，捕后仍可水养，数日不死，易备鲜用。可煮盐水虾，味最鲜美，色红艳，以油爆为胜，“呛虾”也佳。鲜食多挤成虾仁，可做虾圆、炒虾仁、虾仁汤等。虾籽味鲜美，制成的虾籽酱油为上等调味品。

鳜鱼 俗称桂鱼。体较宽，侧扁，背部隆起，头大，口裂略倾斜，下颌突出，上颌后伸至眼后缘。鳜鱼喜食鱼虾蛇虫，若要长至一斤，则要喂养百斤小鱼小虾。性喜栖息于缓流水域，有在湖底下陷处躺卧的习性，夜间活动觅食。5—7 月为繁殖季节，捕捞产量最高。鳜鱼味美，少缅刺，为太湖名贵鱼之一。唐代张志和《渔父》词中有“西塞山前白鹭飞，桃花流水鳜鱼肥”的名句。

塘鲤鱼 又称荡鲋鱼。喜隐居于岩石缝隙或沙泥、水草等隐蔽处，性呆滞，故又有“呆荡鲋”之称。塘鲤鱼体形粗壮，一般长 10 ~ 15 厘米，暗黄褐色而有黑色斑纹，雄鱼体色较深。塘鲤鱼以肉多味美、细骨极少而著称，冬春食用，尤以“菜花塘鲤”为佳。塘鲤鱼无论清蒸、红烧、白汤、油汆、炖蛋，味均上佳。将冬笋、新腌雪里蕻和塘鲤鱼一起做汤，称“塘鲤雪笋汤”，为三山特色菜肴之一。

黄鳝 古称鳣，又名长鱼，属合鳃鱼目合鳃鱼科。体长而圆，黄褐色，有暗色斑点，头部较大，唇厚，眼小，左右鳃孔相连，位于腹面，无胸鳍和腹鳍，无鳞而黏滑。太湖地区近年已有人工饲养，捕捉多用钩、笼。家居吃法以切段红烧、清蒸或划鳝丝炒食为多，肉肥骨少，尤以夏季为最佳，谚语有“小暑黄鳝赛人参”。

太湖莼菜 又名水菜、水葵，因产于太湖，故名太湖莼菜。太湖莼菜叶片椭圆形，深绿色，背紫色，浮于水面，嫩茎和叶背有胶状透明润滑液体状，俗称莼。性喜温暖，多自然生长在沼泽湖滨浅水区。本系野生，明末清初被人工栽培。莼菜中含有丰富的维生素 C，有补血、润肺、健胃、止泻等功效，最宜煮汤，色、香、味俱佳，被誉为江南名菜。

莲藕 东山自古以来就盛产莲藕，历史上曾有“莳山十里荷塘”的盛况。三山所产莲藕，体粗圆，色洁白，质地细嫩，入口鲜甜、嫩脆。可分春秋两季闹（挖）藕，春藕宜熟食与加工成藕粉，秋藕宜鲜食。因莲藕经济价值不高，今多改成鱼池，只剩零星藕塘。

菱角 俗称菱，为浮叶水生草本植物。品种较多，有两角菱（腰菱）、四角菱、圆角菱（元宝菱）、沙角菱、野菱等。其中四角菱具有鲜嫩、壳薄、肉厚的特点，色泽翠绿，成熟后鲜红色，故又称水红菱，适宜鲜食，有清暑泄热、除烦止渴的功效。老果可益气健脾，还可以加工成菱粉，为制糕原料。菱肉具有一定的抑癌功效，菱的茎、叶可作青饲料或绿肥。野菱果形虽小，但其肉香糯，味不逊于栗子。

◉ 特色美食

三山的特色美食中，最著名的属就地取材的太湖三白，即太湖白鱼、白虾、银鱼。此外，太湖中的螃蟹、鳜鱼、昂刺鱼、塘鲤鱼、螺蛳和莼菜等也为农家灶头上的美味佳肴。除了湖边田间捕捞和种植的美味外，岛上野菜也很受欢迎。来到三山岛，必吃的几样菜是红烧墨驼鸭、呛虾、元宝蛋、昂鱼莼菜汤等。

马眼枣酒 选取当年产马眼枣，洗净晾干后浸泡于上好白酒中，密封暗藏百日后方可取出饮用。其酒红枣香，芬芳宜人，入口微甘，无白酒的辛辣味。据有关部门测定，马眼枣酒营养丰富，祛湿生津，尤其是因马眼枣的吸附作用，酒中的甲醇含量大大降低，有一定的滋补调养功效。

红烧墨驼鸭 墨驼鸭是三山岛独有的家禽，瘦肉率高，皮下脂肪含量少，肉质细嫩无腥，烹制时酱油加水文火烧，加料酒，一般约1小时后加糖、茴香、味精等辅料，口感鲜嫩肥美而不油腻，尤以红烧最佳。

三山呛虾 呛虾，俗称盆跳，传统做法为酒呛，先将太湖白虾洗净，放入有盖的盘内，将白酒倒在活虾上，加盖闷几分钟，然后倒入盐、味精、料酒、芝麻酱、香菜、葱、姜、麻油、酱油等调料配比而成的小料，拌匀。入口鲜嫩，香醇满溢，风味独特。

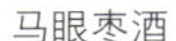

马眼枣酒

红烧墨驼鸭

呛虾上桌揭盖后，会有部分活虾在酒精刺激下，直接跳至饭桌上，故呛虾又有“满桌飞”之称。近年来，为了迎合各地食客口味，店家对配料进行一些调整，因而衍生出用腐乳、芥末膏、胡椒粉、麻油、花生酱、味精、姜米、白糖、酱油调成味汁的“芥末花生酱呛虾”以及带有玫瑰香味的“腐乳呛虾”等新品种。

元宝蛋　将草鸡蛋煮熟剥壳，放入红烧肉汤里用小火细煨6个小时，直至肉汁沁入蛋黄。味道鲜美，肉香蛋鲜，为三山人过节、招待贵客的必备菜肴。

黄焖栗子鸡　食材为散养的林竹鸡，配以三山岛产白毛栗，慢火焖制而成。

碧螺虾仁　用碧螺春茶与新鲜虾仁同炒，经过厨师精心调制，翠绿洁白，清香可口，为高档宴席上的佳肴。

鲫鱼塞肉　鲜活大鲫鱼杀后取出内脏，再把剁碎的瘦肉塞进鲫鱼肚内，放入葱、姜、糖、盐、味精等调料，入锅隔水蒸，蒸熟后上桌。

昂鱼莼菜汤　取鲜活昂刺鱼剖腹洗净，放入加黄酒、葱、姜末与盐少许的碗中，投油锅内烧熟后捞起，只剩鱼汤。将鱼的头、尾、骨、刺等全部剔除，之后将鱼肉放入原汤中煮沸，咸淡适中。再把新鲜莼菜用清水洗净，用开水泡一下，倒入煮沸的鱼汤中略沸后，即可装盆。

碧波拌三虾　选用碧螺春茶，配以虾籽、虾脑、虾仁组合烹制而成。

豉油蒸白鲜　太湖白鱼配以豉油，蒸制而成。

凤尾映雪山　选用优质鳜鱼或草鱼切成鱼条，或切成夹刀片，包大青虾，然后入笼蒸3分钟，再用鸡蛋打制成蛋泡糊，然后组合而成。

太湖两鲜　选用太湖蚌肉、太湖蚬肉烹制而成。

羊方藏鳖　选用优质湖羊和三山野生鳖组合烹制而成。

绿豆饺　为夏季名糕点。先将绿豆磨成粗碎粒，加水浸胖，捞去豆壳，再将豆磨成糊状，入盐少许。分次用小勺将绿豆舀入平底锅中，锅中预先将适量食用油加热，绿豆糊在熟油中煎黄成饼，扁平圆形若碗口大，取出即成绿豆饺，味美。若在绿豆糊中加入鸡蛋，其味尤佳。

藕丝饼　为春季名糕点。新藕起塘后，用土法把藕磨成粉，其淀粉沉淀后制成藕粉，为馈赠亲友佳品。藕丝与米粉拌糊后，用小勺舀起后在平底锅上煎成藕丝饼，香糯可口，为三山传统的茶食干点。

长脚粽子　一般在清明春笋出土时制作。把糯米淘净滤干后，用酱油拌匀，再取竹林中毛竹笋出土长高时剥落的笋壳，用水洗净、晒干，包裹米馅即可。该粽子有一股笋香，因粽子为长方形，故名长脚粽子。

咸馅团子 为春季传统糕点。赤豆在锅中煮熟后放入盐、芭蕉等配料，用铁铲揿成糊状，熬干后捏成馅，再用米粉包好，放在蒸笼上蒸熟，即可食。其馅入口即化，味香而清爽。

笋饭 三山特有的饭食。一般是用清明后出土的春笋，三山人称为“燕来笋”，其他野笋也可。先将笋切成丝，将咸肉切成丁放到锅内煮，等咸肉煮得半熟，再将笋丝放入锅中搅匀，还可加入豌豆等，然后将糯米和粳米对半放入，再加上适量的水和盐，烧煮即成。

皇家采石场

名人与名村

三山文化底蕴深厚，学风世代传承，地方虽小，但从岛上走出，或祖籍三山的名人不在少数，有顾雍、顾荣祖孙等朝廷重臣，南朝齐文学家陆厥，师俭堂主潘尔丰等。

◉ 历史名人

顾雍

顾雍（168—243） 字元叹，吴郡吴县（今江苏苏州）三山人。三国吴丞相、政治家。据《宋平江城坊考》卷五“太湖”载：“……又有三山，白波天合，三点黛色，陆士龙赠顾彦先诗云‘我家五湖阴，君住三山阳。’是此山也。”说明顾氏居住于三山至少在五代以上。但因年代久远，现三山已难觅顾氏遗踪。

其曾祖父顾奉为东汉颍川太守。顾雍幼时拜蔡邕为师，学习弹琴和书法。他才思敏捷，艺业日进，深受蔡邕喜爱。蔡邕赠之以名“雍”，故顾雍与蔡邕名字同音。又因受到老师称赞，故字元叹。后被州郡表荐，弱冠时就出任合肥长，相继担任娄、曲阿、上虞县令，所到之处皆有治绩。建安五年（200），孙权领会稽太守，不到郡，以顾雍为郡丞，代理太守之职。顾雍讨除寇贼，使得郡界安宁，官吏百姓归服。数年后，进入孙权幕府担任左司马。黄武元年（222），孙权被封为吴王，顾雍任廷尉，又领尚书令，封阳遂乡侯。

黄武四年（225），顾雍在吴县迎接其母至武昌。抵达武昌后，孙权亲自祝贺，在庭上拜其母，公卿大臣皆前来参加宴会，后太子孙登也前来庆祝。顾雍不饮酒，沉默寡言，举止得当。孙权曾经感叹：“顾君不说话，只要说了言必有中。”在众臣饮宴欢乐之际，大家都唯恐自己酒后失态被顾雍看见，所以不敢尽情。孙权也说：“顾公在座上，让我们无法开心饮酒。”让人敬畏到如此。同年，改任太常，进封醴陵侯，不久代孙邵为丞相、平尚书事。

顾雍为相后，仿效汉初的治国方法，选择文臣武将时必选称职的，从不以个人喜好选择。而一旦派任后，便会全心全意地委托给他们。他常遍访民间，收集建议，秘密上疏孙权。如果被采纳，就推功于孙权；如果不被采纳，就放弃不说。孙权因此很看重他。

赤乌六年（243）十一月，顾雍去世，享年七十六岁。当初病势稍轻的时候，孙权令太医赵泉诊断，又拜顾雍的小儿子顾济为骑都尉。孙权身着孝服前往祭吊，谥号肃侯。由顾济袭爵，顾济无后，所以顾济去世后，无人袭爵。永安元年（258），孙休下诏以顾裕嗣爵醴陵侯。《唐会要》称顾雍等八人为“魏晋八君子”。

顾荣（？—312） 字彦先，吴郡吴县三山人。东吴丞相顾雍之孙。西晋末年，为拥护司马氏政权南渡的江南士族首领。弱冠即仕于孙吴，吴亡后，与陆机、陆云同入洛阳，被称为“洛阳三俊”。拜郎中，转廷尉正，先后辟为王侯僚属。惠帝征其为散骑常侍。永康元年（300），赵王司马伦杀贾后后掌权，淮南王司马允讨伐司马伦失败，遭司马伦诛杀，其部下僚属皆被收付廷尉，等待处决。顾荣公正处理，很多人获免罪而得以存活。永康二年（即建始元年，301），司马伦篡位称帝，顾荣改任司马伦之子、大将军司马虔的长史。同年，齐王司马冏讨伐司马伦成功，任大司马，执掌政权，并召顾荣为主簿。顾荣见司马冏擅权，怕日后司马冏倒台后受株连，提心吊胆并有轻生念头，于是终日酒醉，不理公事，并将事情原委告知朋友冯熊，冯熊便向司马冏的长史葛旟建议转顾荣为中书侍郎。太安元年（302）十二月，司马冏被长沙王司马乂杀害，顾荣则因讨伐葛旟有功而封嘉兴伯，转太子中庶子。司马乂任骠骑将军，又以顾荣为长史。永安元年（304），成都王司马颖与河间王司马颙联军击败司马乂，司马颖升任丞相，又以顾荣为从事中郎。同年，东海王司马越带晋惠帝亲征司马颖失败，晋惠帝被俘至邺城，顾荣兼任侍中，并被派拜谒皇陵。但当时司马颙部将张方已据洛阳，顾荣受阻不得进，逃到陈留。同年，晋惠帝被张方胁逼到长安，又征召顾荣为散骑常侍，但顾荣见中原大乱，不应命并回到吴地。次年，东海王司马越在徐州起兵，迎惠帝回洛阳，任命顾荣为军咨祭酒。

顾荣

永兴二年（305），右将军陈敏在历阳叛变，后以顾荣为右将军。永嘉元年（307），顾荣反叛陈敏，令人密报征东大将军刘准派兵临江，自己作为内应。陈敏兵败后，顾荣被任命为侍中，未到任上，因北方局势混乱，逃回故乡吴郡。同年，安东将军、琅邪王司马睿移镇建业（今江苏南京），顾荣被任命为安东军司，加散骑常侍，用作招揽江南士族。司马睿有任何政事上的问题，都会咨询顾荣的意见。顾荣作为江南名士，又居要职，因而甚得朝野敬重。顾荣又向司马睿推荐陆晔、甘卓、殷庆元、杨彦明、谢行言等一些未被任用的江南名士，司马睿都采纳并一一任命为官。永嘉六年（312），顾荣在任内逝世，司马睿十分哀痛，追赠侍中、骠骑将军、开府仪同三司，谥号元。建武元年（317），司马睿改称晋王，追封顾荣为公爵，封食邑。

陆厥（472—499） 南朝齐文学家，字韩卿，三山人。齐武帝永明九年（491），举秀才，为少傅主簿，后迁行参军。永明末年，在沈约、谢朓等人的倡导下，“新体诗”（即“永明体”）已接近形成。沈约在《宋书·谢灵运传》的论赞中详细阐明有关诗歌声律的问题，自矜为独得之秘。陆厥为此写信给他，提出不同意见，沈约有答书。这两封信都是六朝文论的重要材料，常为后人所引用。陆厥对诗歌的议论虽然很有见地，但创作实践却不能和理论完全吻合。其《临江王节士歌》：“木叶下，江波连。秋月照浦云歇山。秋思不可裁，复带秋风来。秋风来已寒，白露惊罗纨。节士慷慨发冲冠，弯弓挂若木，长剑竦云端。”寄寓了不被重用的牢骚，透露出了慷慨不平的气息。《隋书·经籍志》载有《齐后军法曹参军陆厥集》8卷，梁10卷，今仅存文1篇、诗10余首，收入《全上古三代秦汉三国六朝文》《先秦汉魏晋南北朝诗》中。

永元元年（499），始安王萧遥光反，陆厥父陆闲受牵连被诛，其入狱。后遇赦出狱，感恸而卒，年二十八。乡人为纪念这位少年英才，将其居住的小岛命名为厥山岛。

潘尔丰（生卒年不详） 三山人。潘尔丰常年在外经商，主营米行生意，兼营糕团熟食，在上海嘉定、真如、松江一带生意兴隆。清乾隆五十九年（1794），当地发生饥荒，饿殍遍野，大批难民涌入城镇。潘尔丰大开粮仓，施粥救灾，共捐大米300石，安定了当地社会治安，受宝山县衙的表彰，特授潘尔丰“宜敦周急”匾额一块，现保存完好。潘尔丰平生乐善好施。道光六年（1826），三山村民屡遭宵小之徒敲诈勒索，村民苦不堪言，潘尔丰挺身而出，会同乡间耆老具结上书，据理力争，最终在苏州府太湖分府获得批文，立碑示警，保护了村民的合法权益。

潘尔丰经营米行发迹后主要做了两件事：一是为其父潘永锡修建一座大墓，俗称王进头坟，“文化大革命”中被毁。潘尔丰不仅迁移了父亲的墓，还把几代直系亲属的祖墓都迁到了三山岛，造了一个五穴台的墓，潘家人称南小坟。二是为自己和子孙建造一栋大宅院，即师俭堂，取意于汉丞相萧何名言“子孙贤，师吾俭”。前厅、后楼二进，共计二十六间，占地533.36平方米，潘尔丰死后，其墓较为简朴，墓前两根石柱刻有一对楹联：“流长应识其源远，人杰须知在地灵”。

吴冠中（中）在三山岛

红橘青梅三山岛
家家花圃不闭门。莫道小，
太湖明珠，长风破浪
迎人笑。
吴冠中

吴冠中写诗三山岛

名人与三山

吴冠中写生三山岛 吴冠中是当代著名画家、美术教育家。2000 年 5 月 2 日，小住三山岛写生创作，赞美三山岛“红橘青梅三山岛，家家花圃不闭门，莫道小，太湖明珠，长风破浪迎人笑”。他对马眼枣树特别感兴趣，见到后赞叹不已，对陪同的村干部说：“岛上有这么多、这么粗大的枣树，全国罕见。而且每棵树的姿态都很美，很入画，是这里的一大景观，你们村里要好好地保护这些百年枣树。”

亚明留诗三山岛 亚明是现代画家，曾任苏南农民画报社主编、江苏省国画院副院长、中国美术家协会江苏分会主席、南京大学艺术研究中心教授、中国美术家协会常务理事。作品有《货郎图》《山河新貌》等，出版有《亚明画集》。1989 年起，定居东山。2003 年到三山岛游览，作诗一首，名《板壁峰》：“吴越干戈史，此峰可作证。中华今统一，江南享太平。”

徐惠诚回三山探亲并捐资助学 徐惠诚，原籍三山，美籍华人，曾任美国加利福尼亚州南帕沙迪市长。任职期间，以其独特的领导能力及丰富的商业经验，把城市当作公司一样来管理，扭转了市政府每年赤字的局面，在当地享有很高的声望。徐惠诚虽常年居住海外，奔波于世界各地，但他始终没有忘记自己的故土。1989 年 4 月返回故里时，为家乡吴县东山三山小学捐资助学。1997 年 5 月，携同老母、妻子和三个儿女回三山岛探亲扫墓，他说：“寻根祭祖是我父亲的遗愿，也是海外同胞的共同心愿。”

艺文

三山历史悠久，文化底蕴深厚，历代文人墨客到此游览，留下了许多吟咏三山的诗文。

湖光山色

◉ 诗歌

奉应颜尚书真卿观玄真子置酒张乐舞破阵画洞庭三山歌

〔唐〕释皎然

道流迹异人共惊，寄向画中观道情。
如何万象自心出，而心淡然无所营。
手援毫，足蹈节，披缣洒墨称丽绝。
石文乱点急管催，云态徐挥慢歌发。
乐纵酒酣狂更好，攒峰若雨纵横扫。
尺波澶漫意无涯，片岭崚嶒势将倒。
盻睐方知造境难，象忘神遇非笔端。
昨日幽奇湖上见，今朝舒卷手中看。
兴余轻拂远天色，曾向峰东海边识。
秋空暮景飒飒容，翻疑是真画不得。
颜公素高山水意，常恨三山不可至。
赏君狂画忘远游，不出轩墀坐苍翠。

奉和颜鲁公真卿落玄真子舴艋舟歌

〔唐〕释皎然

沧浪子后玄真子，冥冥钓隐江之汜。
剞木新成舴艋舟，诸侯落舟自兹始。
得道身不系，无机舟亦闲。
从水远逝兮任风还，朝五湖兮夕三山。
停纶乍入芙蓉浦，击汰时过明月湾。
太公取璜我不取，龙伯钓鳌我不钓。
竹竿袅袅鱼簁簁，此中自得还自笑。
汗漫一游何可期，后来谁遇冰雪姿。
上古初闻出尧世，今朝还见在尧时。

古别离（节选）

〔唐〕释皎然

太湖三山口，吴王在时道。
寂寞千载心，无人见春草。
谁识缄怨者，持此伤怀抱。
孤舟畏狂风，一夜宿烟岛。

静观楼成众山忽见（节选）

〔明〕王鏊

澄湖万顷从中来，浪卷三山欲飞去。
得非奋迅从地出，无乃飞腾自天下。

三山石壁

〔明〕韩洽

扁舟泛晴湖，遥望前山颠。
奇峰矗五指，突兀穿云烟。

登崖审所望，沙路相连延。
屹然如堵墙，欲堕仍顽坚。
壁边小桃花，当春正芳妍。
人家隐山坞，竹树森芊绵。
苍茫云涛中，何异蓬莱仙。

吴妃祠

〔明〕谢晋

海中三岛神仙宅，湖上三山神女家。
姊妹晨妆明绿水，往来峰顶弄烟霞。

三山有吴妃祠，或云即西施也

〔清〕张大纯

三山岚影泛波光，石屋烟鬟韶女装。
莫是西施仙去后，芳魂犹在水云乡。

天绘阁八咏·三山远帆[①]

〔清〕王金曾

也愿乘槎到日边，壮心空逐片帆悬。
孤岑远混依依影，弊席遥筛漠漠烟。
泛宅波心范蠡楫，登仙天际李膺船。
侬家壑里藏舟惯，肯趁风涛上下颠。

分赋三山寿吴馀生

〔清〕叶汝贤

倚窗遥望小蓬莱，乱石巉岩拍浪开。
海上三神应在此，不知何处是仙山。

① 王氏壑舟园有天绘阁，阁有八景，“三山远帆”为其中一景。

三山

〔清〕吴庄

长圻龙气接三山，泽厥绵延一望间。
烟水漾中分聚落，居然蓬岛在人寰。

夜宿三山寺望苕上怀吴允兆

〔清〕吴鼎芳

只此堪乘兴，秋风一放船。
天清皆在水，树冷不生烟。
静后转忘寐，望穷殊可怜。
书来同所愿，池内有青莲。

包山杂咏（节选）

〔清〕洪亮吉

昨闻河流冲，殃及具区石。
芙蓉青万朵，一一遭斧劈。
奸民藉官符，劚及蛟蜃域。
三山渺然愁，镌残水中脉。
（自注：“三山峡，时以筑黄河堤需青石，官符劚山几遍。”）

烈妇颂

〔清〕潘尔丰

不数奇参展我甥，女中谁似尔豪英。
孀楼独断身惟死，香冢长埋骨欲生。
一日红颜抛薄命，千秋青史慕芳名。
巍然石立三峰上，林屋东西莫兴亡。

◉ 文选

三峰寺庄田记

〔宋〕曹熙

三峰古刹也，四面皆平湖，遥岭屏列空际，是山屹乎其中，孤绝而巧，世人呼为小蓬莱，以其与人境别也。钟鼓三百年，风月三万六千顷，胜概甲吴中，高士往往萃焉。由是，二时之供常苦不继，朝营暮求，出者劳力，居者劳心，不知清静之为乐，移念虑于米盐细故者多矣。僧惠因者，为卫道计，罄钵囊资，鬻长生田为善士。倡此邦之人争割产以助成之，得田百亩者，视岁乏之数仅充焉。使同堂大德开单展钵，不必乞食城中，饔飧具足，岂不美欤？夫田百亩有限，福利无边，岁月有期，斋供无尽。食轮既转，道心益坚，推原所自，乌能无纪耶！噫！事莫难于有始，而惠因倡之。事尤难于有终，而善信继之。是田也，无时而已；福也，亦无时而已。西方圣人之教行于中国，果且如是而已乎？果且不如是已乎。

三山秦氏宗祠记[①]

赐进士出身、诰授奉直大夫、刑部广东司主事加一级吴江沈彦芳撰，震泽王恩溥书丹并篆额。

从来水源木本，祀事孔明，子孙所以大报本及始也。故宗祠速建，仁孝本于一心，盛衰显于阖族，所关不綦重欤。氏自天水开宗，累承阀阅，汉魏而降，代有闻人。迨少游公以文学噪声淮海，厥后浸昌浸炽、螽羽麟趾之颂，表南北两宗间。呜呼，可谓盛矣！自益之公由武进选吴兴，爱洞庭山水之胜，筑室于消夏湾之侧而家焉，遂为洞庭始祖。再传元德公登，宋理宋朝，尚娥公主，赠驸马都尉。登隧合葬缥缈之阳。公卒时，宋亡未几，谕子孙世守金书玉券，谓陶靖节占晋室，处士也，盖有深意存焉。十一传浩养公，徙居三山。七传联升公，兄弟数人俱慷慨好施，兢兢敦本睦族之谊，谓西山家庙远一湖，有志于三山之麓，别建宗祠，惜也未竟其志而殁。越三十年，方议所以成之。其庭殖殖，有斋有室，岁时享祀，几有条不紊矣。又五十年，公曾孙海峰先生，命族之子弟翰练，董其事重修饰之。而异厨具备，正冥各得，以妥以侑，尤颂孔安焉。嗟嗟！

① 本文标点符号为编者所加。

尝历览夫当世之故家巨室矣，开宏侈为崔巍，园囿极其精丽，而于祖宗寝宇，或狭隘不足改为，或颓毁弗加修葺，均是人也，同处天壤间，□□少游公□□为厚薄，本有是各不相侔者在耶？闻秦氏累世之遗风，宜共知所愧矣。余自问笔□□啬，不足以表扬其先德，而追念仁人孝子之情，将先前事后，有以知渊泉不竭，荫□堪徵，其发祥正未有艾也。是为记。道光十二年，岁次壬辰，十一月癸酉朔。越五日戊寅刻石。

明处士清故奉湖暨配黄孺人墓志铭

吴公讳官，号奉湖。恬淡任性，率山中隐君子也。余曾考吴氏族谱，系出自延陵自季子。让国之后，其支迁隐于具区三山，世居小姑堡之南，然则公乃遥遥华胄也。公自少而壮，每挟赀驾艘，翱翔于洞庭、彭蠡，货殖于云梦、潇湘。迨夫晚年，韬光岩穴，养晦丘园，谨厚以自持。公明以应事，宽和以驭物，勤俭以居家，忠信笃敬，素无咎，望重乡闾，人皆畏服，谓非隐君子可采。兼以内助之贤柔，顺贞懿克，相夫教子，母仪足范，有黄老孺人焉。洵乎所谓夫妇同德者也。而公之族兄，若茂园公者庄，子甫岁周，遂失其恃，即君其人也。奉湖无嗣，螟蛉为子，鞠育劬劳，教以诗书，宜其家室，罔极深恩，宁直再造。□□公之所以承宗祧而绵远祀者，有其人吴君联，讳福宁。君联笃孝仁爱，性自天成，有怀二人，必恭敬止，生事葬祭，永言孝思，犹恐不及。乃于丁未年仲冬之日，卜吉兆于中峰之北，坐巽向乾，创立茔域，躬登其事，安厝吴公之柩暨黄孺之灵，以合葬于斯。□□乎子道尽而逝者安，吴孰意天命常以孝行若君联，而其配夫人夏氏，且燕婉淑贞，孝敬和睦，主中馈（下缺）。

养小弟叶汝贤顿首拜撰并书

里人文斌　秦文秀仝刊

民间传说

马眼枣的传说

三山马眼枣为夏令佳果，味美爽口，个大肉脆，营养丰富，温肾脾胃，民间视之为百果之王，历来有“一日三颗枣，百岁不显老”的赞誉。一颗小小的马眼枣，在太湖流域具有其独特性。“独”在于马眼枣在泛太湖地区，仅三山岛独有。“特”在于该枣奇特的外形，且更有维系其自身的千年文脉。

相传，明太祖朱元璋与军师刘基（字伯温）率军攻打姑苏张士诚，途经太湖三山岛。刘伯温作为朱元璋帐下的第一谋士，善相术、识风水，在三山岛转悠半天后，对朱元璋说："三山岛属龙形，是块风水宝地，将来要出真命天子和三斗六千芝麻官。"这一说令朱元璋大吃一惊，如果三山岛真的出真命天子，岂不是要与他争夺天下？当即令刘伯温设法破掉三山岛的风水，斩断龙脉，以绝后患。

刘伯温考虑片刻后说，要破掉三山岛的风水，必须做三件事：一是开凿龙头山，把"龙头"砍掉，挖去"龙肝""龙胆"；二是开挖荷花江，将三山岛从桥头湾至东泊湾南北打通，将湖岛一劈为二，人工开"江"，贯通湖水，斩断龙脉；三是增建寺庙，以镇风水。历史上，全岛曾有寺、庙、庵十八座之多。

朱元璋听从了刘伯温的建议，调集大量民工，开凿龙头山，其间，正是马眼枣成熟时节，但见满山遍野硕果累累，丰收在望。当地乡绅采摘了几筐，送给朱元璋及其部下品尝，吃后连声夸赞，刘伯温将一颗枣拿在手上道："此枣香脆可口，外形奇特，跟随大王征战各地，从未吃到如此香甜可口的枣。"话说当年是马眼枣的丰收年，岛民来不及采摘，许多枣掉落在地，刘伯温看在眼里，计上心来。原来军中尚缺军粮，将士饮食仅半菜半瓜，如今要召集那么多民工，饮食问题更是雪上加霜！刘伯温即命将士把枣园中的落地枣收集后，令厨师把枣洗净后与南瓜共煮。马眼枣的香甜与南瓜融合在一起，可谓一绝！朱元璋品尝后也连声称赞"好味道"。久而久之，由刘伯温创造的马眼枣烧南瓜便流传开来，岛民们纷纷仿效，流传至今。从此，"马眼枣烧南瓜"成了三山人款待客人的一道美味佳肴。

明朝建立后，朱元璋仍难忘太湖三山岛上香甜可口的马眼枣，一度将其列为贡枣。

朱元璋弈棋金鸡石

三山岛东泊北端的沙滩边，立有一块太湖石，人称金鸡石。金鸡石的两边，有两块同等距离的大铁石。相传，明太祖朱元璋与军师刘伯温攻打姑苏城时途经三山岛，因前锋部队攻城不克，两人心里烦闷，便一边游览三山岛，一边思考怎样才能攻下姑苏城。

两人来到金鸡石边，看到这块太湖石可安放棋盘，便吩咐手下人拿来棋具，又叫何大海、常遇春两员大将搬来两块大铁石，各放一边当作凳子，便开始下棋。片刻间，朱元璋才放下一粒棋子，刘伯温伸手执子也正准备落棋，忽然喜上眉梢。朱元璋见状，心生疑问，问军师喜从何来？刘伯温与朱元璋耳语一番，朱元璋点头称是，喜形于色，起身下令撤掉棋盘，登舟北上，扬起风帆，直往胥口方向驶去。原来，就在两人棋局刚开之际，刘伯温便心生妙计。

果然，不出几天，姑苏城被攻破，朱元璋除掉了一个与他争霸天下的劲敌张士诚，奠定了大明王朝的基业。后来，在两人下过棋的那块太湖石上飞来一对金鸡，常栖息于此，每天凌晨啼鸣报晓，全岛百姓闻鸡起床，开始新的一天的生活。因而，该太湖石名金鸡石，又称棋盘石。

天庭神牛受罚记

三山小姑山的东太湖之滨，有一块巨大的太湖石，形状像一头水牛，俯首卧在水中。

传说，天庭有一头神牛，过腻了神仙生活，便跨出仙界，下凡人间，经常出没于太湖沿岸，在农田里吃庄稼。当地农民发现后纷纷埋怨，说："不知啥人家这样缺德，把牛放在别人家的稻田里吃秧苗！"一位农民心生一计，再发现这头牛吃秧苗时，回家拿来一根红绸带，系在牛尾巴上，然后跟随这头牛看它往哪里走，结果发现它竟然渡过太湖往三山而去。众人得知此事后十分惊异，认为一头牛能渡过茫茫太湖，绝非是寻常百姓所饲养，肯定是一头神牛，便又埋怨玉皇大帝管教不严。

此事传到天庭，玉皇大帝大怒，说："这畜生居然触犯天条，偷食民间秧苗！"天条规定：牛吃稻草鸡吃谷，各人自有各人福。玉皇大帝即派天兵天将把这头神牛的尾巴砍了，并点化成石，永远俯卧在小姑山的太湖之滨，以正天规。

西施和银鱼

太湖银鱼洁白如银，鲜嫩可口，闻名中外。传说，银鱼是由孟姜女的身体变成，但在三山，老人们却说是美女西施被害死后，化成条条银鱼，在娘家和夫家之间，即古时吴越相连的太湖中游来游去。

相传吴越争雄，夫椒山一战，越军几乎全军覆没，越王勾践被迫到吴国做了夫差的马夫。后来越国浣纱女西施，为了报亡国辱君之仇，献身到吴国，做了吴王夫差的妃子。西施不但美貌非凡，而且能歌善舞，终日陪吴王饮酒作乐，天长日久，吴国一天天衰弱，最后反而被越国灭掉。

越王勾践卧薪尝胆，终于报了大仇，雪了前耻。可勾践忘恩负义，大灭功臣。不但杀掉了文种，逼走了范蠡，还听了王后的话，把西施关了起来。西施十分气愤，质问勾践："我有什么罪？为了越国兴旺，我远离家乡、父母，舍弃了青春年华，忍羞受辱寄人篱下，无时无刻不在思念自己的家园，现在吴国已亡，为什么要加害于我？"勾践被西施质问得满脸通红，掩面退走。

王后却气势汹汹地来到西施面前，蛮不讲理地说："嫁出去的女儿泼出去的水，你已嫁到吴国，不是我们越国人了，吴越两国势不两立，你也同样该杀。"

西施知道同这些人再讲道理也没用，气得破口大骂起来。勾践听西施骂得有理，动了恻隐之心，想把西施放了，让她回家同父母团圆。王后却质问勾践道："前些年是吴国强盛，还是越国强盛？""当然是吴国厉害。"勾践不假思索地答道。王后马上话锋一转，说："吴国这样强大都亡在美人计上，要是西施一变心，亡我越国还不易如反掌。"勾践心里明白，王后说杀西施是为了越国安危，实质是怕自己看中西施，夺了她皇后的宝座，但却说不出口，真是哑巴吃饺子肚里有数，只好随王后处置。王后命武士把西施绑了用船摇到南太湖中，再在她身上绑了块大青石，然后推入湖中。这时刚好有一群小鱼游来，食了西施白嫩如雪的肉，就变成了洁白的银鱼。

大石头巷和三山街

苏州古城区的中心，有一条名叫"大石头巷"的支干道。在这条支干道的中部，垂直方向有一条小巷，它头枕大石头巷，脚连豆粉园，虽然又窄又短，但名头却很大，被叫作"街"，全称为"三山街"。

苏州的老市民都知道，按照老祖宗留下的规矩，苏州历来将主干道称为"路"，支干道称为"街"，小路称为"巷"，不通之道称为"里"。现在，小巷被称为"街"，支干道反而为"巷"，有违老祖宗留下的规矩。其实，这其中隐藏着一个有关三山岛的古老传说。

据说，在很久以前，当苏州城还在大海底下沉睡的时候，这里汪洋一片。有一天，一块巨石从天而降，"轰"的一声掉进海里，鱼虾龟鳖肚子朝天，漂满海面，岩石和大地从海底升起，形成了苏州城和太湖中大大小小的岛。低洼之处出现了一大片水面，但这水和大海不同，甜甜的可以食用，就是太湖。三山岛就在这时出现了。沧海桑田的巨大变化由此开始。

当时，渔民张小渔正在海面驾船捕鱼，目睹了这一奇观，幸亏技术高超，拼命地掌紧舵，才从惊涛骇浪中活了下来。直到风浪渐缓、精疲力竭时，他惊讶地发现，不知不觉间，他的船已离开了水面，被肥沃的土地高高地托起。这一巨变，在张小渔的心中留下了深深的烙印。虽然他看不到百里之外的太湖和三山岛的出现，但脚下的土地却是实实在在地存在着，存在在以前是一片汪洋大海的地方。年迈以后，张小渔把自己的经历告诉了两个儿子和左邻右舍，并告诫说，这是神的意志。

这片土地，经过了几十年的建设，已初步形成了一座城市。大家根据张小渔的讲述，将他居住的地方称作“大石头巷”。

张小渔的两个儿子仍然喜欢和风浪搏击，他们以在太湖捕鱼为生。一天，突然狂风大作，迷雾漫天，往日平静如镜的太湖水面上，涌起了三尺多高的巨浪，正在捕鱼的两兄弟只得拼命地驾驶着渔船和惊涛骇浪搏斗，尽量避免倾覆，遭受灭顶之灾。

天渐渐暗下来，风浪也渐渐地平息。正在他们精疲力竭之际，小船被风浪推到了一个陌生的小岛岸边。昏昏沉沉之际，他们被一白发老翁唤起，上岛游览，看到披着兽皮的怪人在砸磨石器，大熊猫在欢快地打滚，猛虎正追逐着成群的野鹿，沙滩上到处都是鹦鹉和许多不知名的贝壳，迎面飘来的却是略带咸腥的海风……一觉醒来，方知是梦，然而奇怪的是，两兄弟的梦境几乎是一模一样的。

待两兄弟的体力恢复后便离开了小岛。同时为感谢老翁的救命之恩，两兄弟驾船绕岛一周，因远处还有两个小岛，他们将这个岛定名为“三山岛”。由于老大叫张泽，便将远处稍大一点的岛命名为“泽山岛”；老二叫张厥，稍小一点的岛为“厥山岛”。

返回故里，他们将自己这次死里逃生的经历告诉了父亲和邻里。大家都说，你们父亲的奇遇是凡人之遇，你们两兄弟之遇是凡人入仙境之遇，既然仙岛叫三山岛，“仙”比“凡”大，所以人们将正在修建的小巷定名为“三山街”。

大事纪略

早在一万多年以前的旧石器时代晚期，三山岛上就有人类活动的遗迹，考古界、史学界称之为“三山人”“三山文化”，比人们熟知的河姆渡文化、良渚文化、半坡文化还要早 4000 ~ 6000 年。在三山漫长的历史长河中，发生的大事、要事不胜枚举，现列举的事件仅是涛涛历史大潮中的几朵浪花。

三山保卫团

因太湖强盗多次绑架三山村民，每次都要用钱去赎人。1920年年末至20世纪30年代初，为抵御太湖强盗的骚扰抢掠，由在浙江长兴经商的三山富商秦子林出资筹建三山保卫团，并由其家在三山岛的侄子秦维坎任团长。前后十余年，保卫团的青壮年村民持枪四处巡逻，吓阻强盗，威名远扬，人皆称道。

三山保卫团较正规，平时训练有素，出操打靶均由从浙江长兴请来的军事教官亲自操练。团长秦贞甫时年三四十岁，瘦长个子，身穿制服，佩驳壳枪、指挥刀，主要骨干章楚生、李炳林、陆广财等，均佩勃朗宁手枪等。秦贞甫的警卫员杨春泉，枪法精准，曾因一枪命中强盗船的帆篷绳索而成美谈。到苏州、木渎等地比武，保卫团因打靶时枪法准，获奖而归，名声大噪。

1940年前后，太湖强盗提出以保卫团的枪赎人。为了救人，保卫团不得不以20多支枪交换人质，因而失去了武器，只能自行解散。

保卫团虽然解散了，但这种民间自保的形式在当时的太湖地区产生了巨大影响，以至各地纷纷仿效。1945年日军投降后，东山众多士绅仿效三山保卫团，筹资募员，组织起东山保卫团，在之后的解放战争中，有效地化解了湖匪流寇对当地的侵扰，直至1949年年初。

义保小组：孤岛远村的“苏州首创”

三山有丰富的山石资源。青石是烧制石灰的上好原料，自1964年11月起，晓光大队为开辟经济来源，开挖石矿采石。到20世纪70年代中期，上级鼓励“大打矿山之仗”，晓光大队的石矿发展到3个。最盛时，参与开矿的人达400多人，年开采量3万多吨，总收入100多万元，上缴税收达20万元。

改革开放后，经济发展的路子多了，公众的环保意识也随之增强，毁山取石引起了岛上有识之士的忧虑。1982年7月，三山村便有了停止开采山石的呼声。次年6月6日，韦鹤鸣、许毓麟、张伯年、黄经伦、潘祖俭等10余人，发起成立了义保小组（为三山自然资源义务保护小组的简称），韦鹤鸣为组长。是月25日，《苏州报》刊登新闻《湖岛群众自发成立风景资源保护小组》，这在当时的苏州是件新鲜事；而三山村民的这一“义举”，在苏州可谓“首创”。他们或写文章投稿，或编印小册子散发，积极宣传保护三山自然资源的重要性，并吁请各级领导和有关部门，制止毁坏景观行为。他们的义举逐渐取得领导及有识之士的认可，岛上的炮声终于静寂了，保护的内容也从山石扩展到三山岛上的林木和古迹等。

◉ 20 世纪 80 年代饲养长毛兔成为改革开放后三山人的“第一桶金”

三山岛很早便养兔子，但那时饲养的是草兔，没有经济价值。尽管岛上没有黄鼬（又称黄鼠狼），也没有毒蛇，适合兔子繁殖，但没有多少人家饲养。

1980 年，村民张柏年第一个饲养长毛兔，从吴江庙港购买，3 元钱 1 对。由于他不会剪毛，繁殖后，只卖兔苗，卖给村里人，同时还卖给东山人。

同年，沈光华等三户也开始饲养。江苏外贸公司每户送 1 只公兔，为德国纯种兔。他们养在家里，跟当地兔子杂交，下一代的毛色很好，常有浙江人来收购。沈光华等人跟浙江人学会了剪毛。当时的兔毛收购价是每公斤 51 元，沈光华家养了 100 多只，每年剪 5 次毛，每次能卖 100 多元，加上兔苗出售，收入在当时是很丰厚的。很快，家家户户都开始饲养，既剪毛卖，又卖兔苗，形成了一定规模。

1985 年，国内发生兔疫，各地兔子纷纷病死。独有三山，因为是湖中孤岛，“与世隔绝”，很少受外界感染，兔子大多健康。村民张侣年抓住这一大好时机，在《农民日报》两次刊登广告，引得各地养兔专业户不断赶到苏州，再到东山，一路辗转来到三山，购买兔苗。如此，“兔岛”三山名扬四海，各地不断有人登门求购，其中最远的来自新疆乌鲁木齐。很快，三山人的兔苗收入大幅度超过剪兔毛的收入，养兔人家出现很多“万元户”。可以说，这是三山人在改革开放之后掘到的“第一桶金”。

◉ 1983 年开办农家乐

随着三山岛长毛兔热的升温及人们对青山绿水的向往，到三山岛上的人越来越多。有艺术学校的师生到此采风写生，有到岛上采购长毛兔苗的。当时，到三山每天只有一班船，即于当天下午 3 时自东山杨湾港开，次日上午 8 时自三山桥头码头返，故凡登岛的客人，晚上的住宿非常不方便，也多次向村委会提出能否解决食宿问题。

1983 年，村民王永安利用自家的空闲房屋，开始接待上岛客人，当时吃住一天的价格仅为 2 元钱。这一客住农家的食宿方式，可称为苏州地区农家乐的起源。之后，这种自发开办的农家旅店发展到了 3 家。于是，村领导鼓励照此办理，由住宿条件较好的村民在家里接待游客，管吃管住。“农家乐”这种新兴的、由农民自发兴起的旅游服务形式，在湖岛古村三山率先成型了。

◉ 20 世纪 90 年代苏州出口日本盐渍梅的第一个集装箱

20 世纪 80 年代，苏州农村乡镇工业蓬勃发展，进入高峰期，广大农民身受其益，“无工不富”成为共识。三山人也紧跟时代潮流，吴县思梅食品厂于 1991 成立，由于厂内环境清洁，梅子质量好，生产工艺讲究，产品第一年即成为外贸出口产品，当年盈利 15 万元。苏州市出口日本盐渍梅的第一个集装箱，就是这个厂的产品。

◉ 1993 年先奇俱乐部破土动工

1993 年 5 月下旬，大批人登陆三山，随行还带来挖土机、搅拌机、翻斗车、吊车等大型机器；同时，还有大批的钢筋、水泥、砖瓦、黄沙、石子等建材。从此，轰鸣的机器声、嘈杂的人声，打破了湖岛古村百年如一日的悠闲和平静。

5 月 28 日上午，在欢闹的锣鼓鞭炮声中，三山有史以来的第一个大型工程项目——先奇俱乐部破土动工，预算超过千万元。合作双方为当时的吴县农工商总公司（不久改名先奇集团，为江苏省首家集团公司）和三山村。先奇集团投入资金，三山村以土地作股，联合开发湖岛旅游业。这是三山经济发展史上的一大转折：从传统、封闭的自然经济，走向以旅游业为主的现代、开放的产业化经济体系。

◉ 2000 年三山村通电，成为苏州最后一个通电的行政村

早在 20 世纪 70 年代中后期，苏州地区除三山之外都已通电，从而奠定了苏州地区大力发展乡镇工业的坚实基础。但三山仍处在“没有光明、没有动力”的原始、落后状态。其间，各生产队也想办法购置柴油发电机，由于成本太高，只能“限时供电”，严重制约三山的经济发展。1993 年，村党支部吴惠生等人将早日通电定为全村的头等大事来抓。

2000 年 1 月 28 日，三山终于迎来历史性的一刻：通电了。时任吴县县长秦兴元参加上午举行的通电庆典仪式，并与当地村民代表彭秋娥、秦定珍两位老人同时为三山岛通电工程碑揭幕；时任东山镇党委书张振新、镇长姚长发分别代表东山镇党委、政府剪彩致辞。与此同时，在薛家祠堂一侧立通电纪念碑。

水底电缆深埋于西山石公山至三山岛东部小山之间的太湖水底 1.8 米以下，主线 6000 米，电力 10 千伏，有变压器 4 台，其中 160 千伏 1 台，100 千伏 3 台。

◉ 2001 年三山旅游景区卖出第一张门票

2001 年 9 月 28 日，三山旅游开发公司成立，由三山村党支部书记吴惠生任总经理，同时正式营业。在桥头码头（当时的渡船停靠点）摆放了两张课桌，由秦关明、吴新宝等卖出第一张门票，价格为 15 元。门票由杨其虎购得。至年底，门票收入达 6 万元。

◉ 2013 年太湖三山岛湿地公园获国家湿地公园称号

2013 年 3 月 21—22 日，由国家林业局湿地保护管理中心副主任严承高、处长关东明，湿地国际中国办事处主任、教授陈克林，南京大学教授刘茂松组成的国家湿地公园验收专家组对苏州市太湖三山岛湿地公园（试点）建设情况开展验收评估。专家组通过观看太湖三山岛湿地公园的电视专题片，并实地考察，一致认为，作为全国第一家由社区（村）直接参与和管理的国家湿地公园试点单位，在省、市、区及镇政府和主管部门高度重视下，按湿地总体规划实行，生态建设进展又好又快，制度健全，管理规范，湿地生态科研监测效果明显，宣教形式新颖，生态环境保护、恢复与湿地资源合理利用成

效显著，促进了湿地公园建设、民生与生态的协调发展。至 2013 年，太湖三山岛湿地公园是中国唯一的淡水岛屿湿地公园，也是唯一的有人居住的社区湿地公园，还是唯一的由村级经济支撑的湿地公园。三个“唯一”，凸显了它在众多国家级湿地公园中的特色和地位。2013 年 10 月，被国家林业局授予太湖三山岛国家湿地公园称号。

◉ 2014 年三山村入选中国历史文化名村

2012 年 10 月，吴中区人民政府向住房城乡建设部、国家文物局提出申请东山镇三山村为中国历史文化名村。申请报告按所需要求，分 6 个大类、23 个分类，系统、翔实地介绍三山村申请入选中国历史文化名村的相关资料、数据和图片。2013 年 6 月 19 日，中国历史文化名镇名村省厅专家组一行专程赴三山村对申报第六批中国历史文化名村进行现场考察。2014 年 3 月 27 日，新华社发布消息，在住房城乡建设部、国家文物局联合下发的通知中，三山村被列入第六批中国历史文化名村名单。

三山历史文化名村区域面积 2.8 平方千米，历史建筑面积 1900 平方米，历史街区范围将桥头自然村传统风貌建筑集中成片的地区及古河道、古码头以及与其相依存的景观划定为核心保护区，保护区东至先奇桥、薛家祠堂院落东、执玉堂院落东，西至仁寿堂院落和九思堂院落西，南至荷花江南岸，北至经伦堂院落、勤余堂院落、张桐安宅院落以北，面积 3.48 公顷。历史文化名村保护按村域、历史街区和历史文化遗存 3 个层次进行。三山历史文化名村保护的重点是：保护村域内自然山水格局；对保护区内的 33 栋古宅、祠堂，3 座古庙，18 口古井，2 座古桥统一登记造册修缮，并对历史街区有密切关系的驳岸、古街、古码头等历史环境要素进行保护。

三山村入选中国历史文化名村后，坚持以苏州市确定并批准的以东山历史文化名镇保护规划中的功能定位为蓝图，在科学有序、合理规范中传承太湖名村、人文古村、遗存大村等自然文化特色，整合区域内历史文化元素，将三山村塑造成为以生活居住、遗存展示、文化体验、自然生态、休闲旅游为特色的太湖历史文化古村。

远眺泽山岛

附录

◉ 媒体报道

小岛创出大事业：穷人的孩子早当家[①]

在吴惠生的记忆里，小时候家境贫穷。小学四年级时候，又逢“三年自然灾害”，更加吃不饱了。初秋的一天，小惠生突然扛了一包山芋回家，足有二三十斤。这些山芋，可供全家人吃上好几天呢！父母问从哪里弄来的？小惠生把父母带到一个山坡上，指着一片一分地大小的山芋地说：“是我种的。”原来，他看见家里人、村里人都在饿肚子，就动了个“小脑筋”：上山开荒，种山芋。只是谁都没告诉，一个人悄悄地干；等有了收成，才“送给”父母一个惊喜。

父母当时心里就乐开了花，这不仅仅是“天上掉下来”好几担山芋；更发现了儿子的“出息”：才十二三岁，就懂得为家里谋生计挑担子了！

制服美国“老爷货”

1969年，19岁的吴惠生第一次远离家乡，参军来到内蒙古赤峰市，在空军某部地勤部队当兵。北国军营的生活是艰苦的，但是，他也生平第一次“享受”到了“电气化”：因为有了“电”，机械得以发动，飞机能够上天，小灯泡大放光明，收音机能听天下事。

当时，苏州农村基本都通电了，有了电灯、电话和广播喇叭；而三山因为是湖中孤岛，依然只能与之“绝缘”。在家时，吴惠生就很羡慕东山镇上的电灯、电话、电喇叭；现在，他更向往自己村里也能通电了。

电，激发了这个湖岛青年强盛的求知欲，尽管因生活所迫，吴惠生小学也只念到四年级，但他刻苦勤奋，借助现有的有利环境，一有空就钻研电工知识。也许就是看重吴惠生的刻苦钻研，新兵连结束后，上级把他分配到油机维修所，让他学习修理柴油发电机。心想事成，吴惠生不负上级期望，学得更加深入全面。他决心以出色的成绩回报部队对他的培养之恩，也期望着有朝一日能以此一技之长为家乡出力。

八个月培训结束，吴惠生开始独当一面，形形色色的柴油发电机一经他手，手到病除。有一次陆、空联合演习，一台柴油发电机突然故障。这是抗美援朝中缴获的美国

---

① 记者：陆晓华，原载于《苏州日报》2015年1月16日。

“老爷货”，大家都没有见识过，能否修好把握不大。有人建议向上级汇报，这样，万一修不好可以减轻责任，修好了，还可以得到嘉奖。

吴惠生仔细检查过“老爷货”，却提议说：一汇报，肯定会影响上级的部署、影响演习的进度。好在有一台备用品，可以临时顶替。给他两个小时，拆开来试一试，怎么样？战友们一向对他很信任，一致同意。吴惠生马上动手。个把小时之后，“老爷货”恢复了正常工作。尽管因为未汇报而未获嘉奖，但吴惠生心里同样高兴，因为，演习圆满成功，他个人的技术经验也更加丰富了。

当兵五年，吴惠生多次获评“五好战士”“技术能手”，并光荣入党。

孤岛电网创建者

1975 年，吴惠生复员回乡，先当第二生产队队长，再到供销社下伸点当营业员，后到石矿工作，在维修车间当过修理工，在宕口当过废泥组长。

这时，三山岛已经开始有“自发电”：1977 年，从小姑生产队开始，5 个生产队每队一台 12 马力 8 千瓦柴油发电机，根据各自的经济状况，定时供应村民晚上开亮电灯；经济较好的队，还买了彩电，放在蚕室里供村民观看。不久，队队蚕室晚上都成为“电视室”。

1983 年，吴惠生担任村长。这时，因为饲养拉毛兔，三山人开始致富，彩电、冰箱、洗衣机等家用电器越来越多。“8 千瓦”不堪重负，最后点灯都不够。吴惠生上任后做的第一件大事，就是“统一供电”。他在部队里学到的一手电工技术，终于在家乡有了用武之地。

他打听到吴江东风化工厂有一台 50 千瓦柴油发电机要出售，赶去一看，还算划算，便以 1.2 万元购回，从此忙于全村“并网”：将各队之间的线路合并联网。主线路全由他设计、测定，并亲手架设。白天背着一大圈电线爬山竖杆，晚上打着手电摸黑查断头。为省钱，用的都是旧电线，老化了，压在脊背上感染皮肤，成片地起疙瘩，疼、痒难耐；架线时，一根电杆突然歪倒，伸手去托，扭了腰，伤痛至今。足足三个月，三山岛上“第一代电网”建成。

由于是“自发电”，联了网，还得有足够的“油”，供柴油发电机“喝”。当时还是计划经济，经努力，争取到每年 12 吨的平价供应，这在 20 世纪 80 年代中期也够用了。但几年之后，“50 千瓦”也不够了。1988 年，在上级政府的支持下，村委会又买了一台 120 匹马力 75 千瓦的新机器。这家伙功率大、质量好、性能稳定；问题是，“喝油”

也多。这时经济模式已经“转轨”，平价油越来越少，吴惠生因此又多了一项日常工作：搞油。先是想方设法用土特产置换，再是平价、中价、议价来回倒，他艰难而顽强地支撑着湖岛三山的“电业”。

湖岛旅游业奠基人

1993 年，吴惠生担任村党支部书记，家乡建设和发展的重担，沉重地压上了他的肩头。因为，在经历了个体养兔的高峰期，和集体办厂的探索期之后，三山村的经济发展到底该走哪一条路，到了必须定向、起步的历史性时刻。这一步走对了，子孙万代受益；错了，不仅全村受苦，村书记还将被后人称之为“走弯路”。

吴惠生毫不犹豫，一锤定音：搞旅游。

20 世纪 80 年代中期，村里的养兔业一度朝气蓬勃，拉毛兔剪毛出口，让许多村民成为“万元户”。但是，国际市场兔毛收购价逐年下降，养兔业眼看走向低落。同时，在苏南乡镇经济蓬勃发展的大潮中，三山村也试着办过好几家工厂，受制于交通运输不便，以及技术、资金等诸多因素影响，都以亏损告终。这些都使吴惠生在反思中认定：湖岛三山，既不能墨守计划经济时代，以传统农副业为主的“成规”；也不能像苏州大多数农村那样，走发展乡镇企业的“新路”。而必须因地制宜，根据自己的湖岛特色和资源优势，发展全世界都在倡导、兴办的“无烟工业”和“朝阳产业”：旅游。

搞旅游要有巨额的前期投入。资金哪里来？在苏州发展外向型经济的大潮中，曾有多家外商对开发三山深感兴趣；有些甚至来三山开过董事会，拟定了具体的主题和规划。但限于当时的政策、理念，这些期望中的“中外合作”均未成功。然而，吴惠生受益匪浅。作为村书记，他多次参与接待、考察、洽谈，从中学到了许多相关知识，了解了国内外旅游业发展的走向、趋势和规律；并日益增强了信心、坚定了决心：在目前国际、国内的经济大背景下，三山村要发展，其唯一和最佳的途径，就是开发旅游业。而且，结合当时的国家政策和国人理念，合作伙伴最好选择具有政府背景的国有企业。

1993 年 3 月 15 日，三山村新书记上任的第十二天，吴惠生来到当时的吴县市先奇集团（原农工商总公司），与总经理商谈合作事宜。4 天后，双方草签意向书。5 月 20 日，正式签约。月底，破土动工。

湖岛三山，旅游业奠基。

咬定目标不放松

好事多磨。三山旅游业开发起步不久，就受到国家宏观调控政策影响；加之合作方经营不善，使其三山项目深受拖累；客观上，三山岛不通电，靠自发电，成本实在太高。1997 年 3 月，先奇集团倒闭，其风光一时的“三山俱乐部”，也以“失败”告终。

但吴惠生并不言败。他认为这只是湖岛三山发展旅游业的一曲“前奏”。因为，先奇留下的码头、道路等基础设施，已经改善了三山的旅游环境；而且，连续三年的广告宣传，也使三山声名鹊起。更重要的是，经过这几年的“实干”，吴惠生和他的一班人积累了丰富的经验，而不少村民也开始认识到，旅游业，确是三山发展的“正道”。尽管还有质疑和异议，但吴惠生咬定目标不放松：先奇走了，我们自己接着干！要干，首先要解决的问题，就是通电。否则外来投资再大，也难以扭亏为盈；更不要说自己“穷干”“单干”了。从此，吴惠生的主要工作，放在了争取早日通电上。这个“苏州唯一无电村”的书记，在村级经济没有分文进账的艰难情况下，硬是凭着振兴家乡、造福乡亲的坚定信念，跑各级政府，跑有关部门，跑“友情单位”。在领导面前，他请求关心；在老总面前，他请予帮助；在媒体面前，他请作呼吁。

同时，他要求村民们维护好岛上的旅游环境，“稳定业态”；并倡导开办“农家乐”，让登岛游客在“三山俱乐部”关门之后，仍有吃有住。他鼓励村委一班人和村民们：目前虽然很困难，但基础已在，只要等到时机，再作努力，就能峰回路转、东山再起。他坚信：小岛也能创大业；这个大业，只能是旅游业。

精诚所至，金石为开。在各级政府和有关单位的大力支持下，经吴惠生和电力公司以及通信、广电等部门的通力合作，2000 年 1 月 18 日，湖岛三山终于完成了历史性的“飞跃”：通电了！电话、移动电话和有线电视也随之开通。三山岛发展旅游业的最大障碍，终于被搬开了。

芝麻开花节节高

通了电，吴惠生也像有了动力源，浑身的劲头使不完。他审时度势，力排众议，决心成立三山旅游开发公司，对游客实行登岛收费。同时整治旅游环境，完善景点，规范农家乐、电瓶车等配套服务。然后跑有关部门批营业执照和各种许可证，跑上级政府和友情单位争取资助。2001 年 9 月 28 日，三山旅游开发公司试营业；国庆期间正式对外营业。当年 3 个月，门票收入 6 万元；第二年全年达 60 万元；第三年达 120 万元；第五年 240 万元；2008 年达到了 430 万元。逐年递增至每年达 2000 万元。而村民们的农家乐、电瓶车、土特产等延伸服务收入，更是数倍于此，真可谓“农家乐、乐百家”。

有了收入，再投入，再完善；然后再收入、再投入、更完善。三山旅游业进入良性循环。四年来，先后开发、修复新、老景点“花石纲遗址”、一线天、狮面人身石像、三峰寺、大佛字石壁等，打造豪华游艇“山水号”1艘，共投入资金上千万元。“太湖蓬莱，文化三山”，不仅在长三角家喻户晓，而且覆盖华东，远播全国。更重要的是，游客登岛，无不赞不绝口。

吴文化的“土著学者”

近二十多年来，随着古人类遗址的发现、发掘，及旅游业的兴起，来三山的文化人越来越多。吴惠生在陪同、接待的过程中，对他们所谈及的吴文化深感兴趣。原因是，他姓吴，是“正宗”的吴人之后；第二，三山是太湖流域古人类的发祥地，也可称是吴文化的发源地；其三，也是最重要的一点，在开发三山旅游业的实践中，他充分认识到，一个风景区，不仅要有美丽的自然景观，还必须有深厚的文化内涵，这样才能提升档次、更具魅力。

他是个有心人，将听来的内容记住了，再加上自己的理解，进行传播。他说：口天吴，汉代之前“口”字下面不是“天”，是“人”大喊大叫的“象形”，是吴人祖先在山林间威胁猛兽、呼喊同伴的“象形”。他还说：有人认为，“吴”是泰伯从中原带到江南来的；他认为泰伯之所以奔吴，说明泰伯来之前“吴”就存在了，而且已经具有一定的“文明”了，否则他不会投奔过来。他还坚信，中国的“吴”姓就起源于三山，自己祖上世代居住三山，自称“三山土著”，是“正宗”的吴人之后。

这些丰富、独特的吴文化知识，经常听得来客点头称是，对三山岛更加神往。

尽管只有初小文化，尽管日常工作已经忙得不可开交，但他仍致力于三山文化的收集、整理、策划、传播。他组织记者、作家来三山开笔会；还合作撰写《三山岛四大古文化》《三山岛十景》《三山岛探奇》等多篇（部）文章，发表于报刊；策划拍摄的电视纪录片《太湖蓬莱，文化三山》深受好评；还支持文化人在三山开办“名人书法碑廊”“经典古籍收藏馆”“金刚经摩崖石刻”和“三山周易研究会”等文化景点，丰富了三山的旅游内容。

小岛大业展宏图

最近，由吴惠生主持策划、请同济大学专业设计的《三山风景区总体规划》，历时三年，修改8次，最终完成。可以说，这部《规划》倾注了他一生的理想和心血。《规划》的宗旨为，将三山岛建设成一个“湖岛古村”。“湖岛”，是自然的、生态的、原汁原味的“世外桃源”；古村，既有真实、直观的古人类遗址，又具深远、丰富的吴文化内涵。用吴惠生的话来说，《规划》的主要具体内容为“三个一”：筑通一条串联景点的环岛湖滨路；恢复一条一线贯通全岛、两头连着太湖的古河道；建造一条展示本岛吴文化和农家土特产的“三山风情街”。以“路”“河”“街”为“纲”，全面提升、完善三山的风景旅游服务功能。同时，将全村的承包土地合作入股，统一规划、统一种植花果、统一管理。原有的明清古建筑统一保护、维修，新建的农舍粉墙黛瓦、古色古香，统一风格。实现“农家园艺化”，家家户户培植花木盆景；“农村园林化”，确保岛上“月月有果，天天有花”。

最近，三山村获评苏州市旅游业先进集体光荣称号，而吴惠生本人也获评先进个人光荣称号；同时还顺利通过了“苏州市社会主义新农村建设示范点”，和“全国农业旅游示范点”的验收。后一个“示范点”是全国性的，在旅游大市的苏州全市范围内，也仅有 3 个村获此三年一度的殊荣。这是对三山旅游业开发成功的最高评价，也是对吴惠生“村官业绩”的最好肯定。

但吴惠生却说：第一，这是我应该做的；因为我太了解家乡，也太热爱家乡了。第二，我做得还很不够。因为，山东有个家喻户晓的“海上蓬莱”；而我们三山岛要真正成为“太湖蓬莱”，还任重道远，还需要我们大家努力、努力、再努力！

太湖“铁疙瘩”究竟是个啥东东 ①

最近一阶段，三山岛外太湖水域清淤时意外发现“铁疙瘩”“铁质管状物”的消息，犹如一颗重磅炸弹，在苏州乃至全国都掀起了一股巨大的冲击波，也像磁铁一样，牢牢吸引住了包括专家在内的许多人的眼球。之所以如此，是因为大家都知道，查清“铁疙瘩”“铁质管状物”的“身份”有着非同寻常的意义：也许，苏州人的“母亲湖”——太湖的成因，就靠它们揭开；也许，苏州地区乃至中国的冶金史会由此大大推前……

六种不同观点“对对碰”

对于“铁疙瘩”的研究，商报不断在追踪报道，记者也多次陪同专家前往现场考察。然而，尽管已经动用了现代化高科技检测手段，结论还是没能最终敲定。梳理一下，对于“铁疙瘩”的成因，专家们至少已经有 6 种不同的观点了。其中，有两组观点分别由同一专家提出，可见这些观点目前还只能算是猜想，有待进一步的科学论证。

---

① 记者：施晓平，原载于《城市商报》2009 年 9 月 3 日。

为方便对照，特将 6 种不同观点罗列于下：

1.“天外来客”说，即认为是陨石撞击苏州一带留下的纪念。持此观点者：苏州市地学会顾问、地学专家蒯元林。

2.“生物成因”说，即认为可能是微生物活动导致的铁的富集。持此观点者：中科院苏州纳米所博士于昊。

3.“彗星彗核包裹体”说，认为系 4800 年前彗星撞击地球的物证。持此观点者：浙江工商大学退休副教授、原浙江地质勘探队高级工程师陈慧娟。

4.“含铁和锰的碳酸类沉积岩”说。持此观点者：中科院苏州纳米所博士于昊。

5.7000 多年前的“人工火烧土”说（专指“铁疙瘩”）。持此观点者：浙江工商大学地史和古生物专家傅肃雷副教授等。

6.“半硅化木”说（专指“铁质管状物”）。持此观点者：浙江工商大学退休副教授、原浙江地质勘探队高级工程师陈慧娟。

“铁疙瘩”发现情况回放

专家们对“铁疙瘩”成因的探索还在继续。趁着这一间歇，且让我们一起回顾一下“铁疙瘩”的发现情况。

今年上半年，三山岛西侧太湖水域因清淤而筑起了一方围堰。抽干这方面积达数万平方米的围堰，沉睡千年的湖底世界展现在了人们眼前。在这一世界里，占统帅地位的是坚硬的黄土，但也夹杂着部分“铁疙瘩”“铁质管状物”。

7 月 6 日，在苏州市地学会顾问、地学专家蒯元林的陪同下，商报记者赶赴现场，与“铁疙瘩”“铁质管状物”来个了“零距离”。只见“铁疙瘩”呈黑色，大的跟鸽子蛋相仿，小的不过成年人指甲那么大，密密麻麻地嵌在一片黄色的湖底泥土上，数量起码有几百个。同时发现的“铁质管状物”数量虽不多，但给人的感觉很奇特：干透的“铁质管状物”浑身呈黑色或铁锈色，看上去像是小铁管，摸上去感觉硬邦邦；没有干透的“铁质管状物”的形状却大相径庭——外圈呈黄色，里面呈灰色，摸上去像豆腐一样软。

发现“铁质管状物”和“铁疙瘩”，在苏州地区并不是第一次。五六年前，石湖也因清淤而发现过这两样东西，其中以“铁质管状物”为主。当时就有专家判断，这是陨石撞击苏州一带留下的纪念物。

而吴江东太湖、金家坝、浙江湖州等地的居民，发现“铁质管状物”的时间还要早一些。当地的居民还根据“铁质管状物”的形状和特点，形象地把它们称为“泥钉石”。

三山岛外太湖水域的“铁疙瘩”“铁质管状物”究竟是什么东东？蒯元林 7 月 6 日当天就发表了这样的看法：它们都是“天外来客”，是古代陨石“造访”苏州一带的证据。他的分析是：撞击发生后，在瞬间的超高温、高压作用下，地表岩石发生击变、熔化，跟陨石同化为一体，溅到半空，再变成“雨点”落下来，形成陨石雨。高温高速的陨石雨落到松软的黏土上，就向下钻进泥土，最终成为铁质管状物；落在水里或硬土上，则成为颗粒状的“铁疙瘩”。因长期风化等因素，落在地面的物质已经无法找到，但落在水里的却凭着长期处于无氧状态的优势而得到保留。

争鸣，从苏州走向全国

太湖湖底发现“铁疙瘩”的消息经商报独家报道后，很快引起了众多专家学者的关注。7 月 11 日，中科院苏州纳米所博士于昊致电商报，提出了“生物成因”的猜测，即认为“铁疙瘩”可能是微生物活动导致的铁的富集。经过电子显微镜等观测，于昊 8 月 22 日又给出初步结论，“铁疙瘩”等是“含铁和锰的碳酸类沉积岩”。这类沉积岩属微生物成因的比较多，但也有可能是其他原因形成的。于昊认为，就目前的检测结果而言，要对“铁疙瘩”的成因下结论为时尚早，还有待长期和深入的研究。

就在于昊对“铁疙瘩”展开研究的时候，通过网络看到商报报道的浙江工商大学退休副教授、原浙江地质勘探队高级工程师陈慧娟、浙江工商大学地史和古生物专家傅肃雷副教授，也开始关注湖底“铁疙瘩”。7 月 23 日，两位教授提出，“铁疙瘩”等可能是“彗星彗核包裹体”，这正是他们要找的 4800 年前彗星撞击地球的物证。这一观点与蒯元林的看法有异曲同工之妙，即都认为它们是“天外来客”；但又与蒯元林的说法有所不同，即认为“天外来客”不是陨石，而是彗星。此后，两位教授派出的代表使用金属探测器，对“铁疙瘩”“铁质管状物”进行了探测，发现探测器并没有发出响声，由此判断它们可能为非金属构成，或者金属含量并不很高。

经过科学化验，8 月 27 日，傅肃雷副教授等人又提出，“铁疙瘩”是 7000 多年前的“人工火烧土”，可能是烧窑或尝试炼铁的产物。陈慧娟副教授则认为，铁质管状物是“半硅化木”。这些观点，都排除了“天外来客”的可能，也让“铁疙瘩”之谜更加扑朔迷离。

浙江教授的加盟，让“铁疙瘩”之谜的争鸣从苏州走向了全国。此次中央电视台十套的“科技之光”栏目聚焦太湖“铁疙瘩”之后，这场争鸣，必将演绎得更加激烈。

“铁疙瘩”或是太湖出生证?

“铁疙瘩”“铁质管状物”就经济价值而言，算不得稀世珍宝。那对它们的成因的探索，为啥会吸引这么多专家、学者和中央电视台的眼球?

在专家们看来，这种探索决非小题大做，因为“铁疙瘩”“铁质管状物”也许就是太湖的“出生证”。也就是说，弄清它们的成因，也许可以解开太湖的形成之谜。

三万六千顷太湖是中国的第三大淡水湖，风光旖旎，物产丰饶。然而，直到今天，人们还无法对她的成因下一个定论。对此，史籍和专家们提出了多种观点，其中一种是“陨石撞击成湖说”。这是根据太湖西南侧湖岸呈圆弧形而提出的，认为太湖系远古时期陨石撞击形成，撞击年代大约在500万年以前。有的学者经过周密调查后提出，在太湖岩岛上发现了被陨石撞击的直接证据，如三山岛上的击变岩；在太湖一带散落的石英晶体中发现了震裂锥；在湖周发现了经过高温溶解的铁和溶解后重新结晶的玻璃体……

但“陨石撞击成湖说”也有不少“软肋”，如太湖中没找到陨石撞击形成的深坑；太湖周边没有陨石撞击形成的典型环形山；太湖至今没有发现陨石的残体等。陈慧娟副教授一开始提出的“彗星撞击成湖说”，可谓对“陨石撞击成湖说”的发展。她的看法是，彗星彗核的密度小于水，只有这种巨大的包裹着许多垃圾的“雪球”高速斜向砸在现在的太湖平原上，才有可能形成深度不大，而且找不到大块陨体的浅坑，浅坑积水后就形成了太湖。

“陨石撞击成湖说”和“彗星撞击成湖说”可以合并为“天体撞击成湖说”。如果“铁疙瘩”被最终证实并非“天外来客”，那么，这一说法要能够成立，就只能寻找新的证据。

《老龙探海》在全国盆景展获奖：湖岛虬枝天下奇[①]

——记全国盆景艺术展获奖者朱能养

三山有得天独厚的自然环境，是由于湖面效应的增温作用。岛上四季花续果累，满山遍野挂满枝头。三山的山，由北峰（即北山）、中峰（行山）、南峰（小姑山）三座峰组成。而每一大山又拖一小山，如北峰拖东泊小山，中峰拖西湖小山。三山的水，随风向不同而现奇观。如东南风，顺济桥前白浪滔天，仙人洞后则湖平似镜。春水见虾

① 作者：水石，原载于《吴县报》1995年8月6日。

游，秋水清见底。东泊浜湖边卵石遍地，湖沙绵延数百米，乃一处天然浴场。

三山“一怪”

人说三山出怪人，其中有一位是喜好上山挖树桩制作花木盆景，并将这一技艺无私传授给众人的小学教师，他就是曾在全国盆景艺术展览上获奖的朱能养老师。提起朱能养，三山岛上没有不认识他的，也没有不敬佩他的。这倒并非因为他曾当过岛上小学的校长，后来又在校办企业走南闯北经营过书画业务，而是由于他十分难得的为人。按理说，朱能养凭着一手制作盆景的技艺和现有的上百盆花木盆景，完全可以发家致富，然而，他守着一个精美的盆景园，一盆也不肯出售。而从他那里学会技艺的乡亲们，家家上山挖树桩，制成盆景后卖出个好价钱，又多了一个致富门道。在人们心目中，朱能养是个痴迷盆景艺术而又不为五斗米折腰的现今少有的读书人。

认识朱能养，是在十几年前，后来我曾陪两位作家去探访过他，发现他虽搬了家，却仍住在平房老屋，生活依然简朴，唯一富足的是他的满园盆景和精神生活。走进客堂，迎面可见“雨雪斋”横额，显示主人洁白如雪、滋润如雨的品性。东墙悬挂着国画大师齐白石小女齐良芷的《虾嬉图》，八只墨虾，三五成群，天趣自成。西墙挂一幅吴县籍上海画院老画家郁文华的《牡丹图》，国色天香，花繁叶茂。名画佳字，满壁生辉。

再观朱能养，虽年届67岁已退休在家，孙儿外孙绕膝，安享天伦之乐，但从其眼镜片后透出的炯炯目光，以及接待前来观赏盆景的游客的忙碌身影，可见他生活的充实。听口音，他显然不是当地人，而像是邻近人氏。原来朱能养祖籍昆山，也算是书香门第，祖父喜好收藏昆石，他自小耳濡目染，受其熏陶。从师范学校毕业后，却被分配至三山岛上任教，远离尘嚣，孤身一人，为排解寂寞，课余他便在湖岛的山头转悠，寻觅奇桩怪石，偶有发现，就带回住处赏玩。此事起始仅是消遣而已，却不料久而久之竟成了他人生的一大爱好。

其实，朱能养并不是一开始就爱上盆景制作的。作为刚踏上社会的年轻人，他与同龄人一样好奇，也装了一只当年时兴的矿石收音机，在与世隔绝的小岛上收听广播，了解大千世界。谁知，那年代天天讲“阶级斗争”，朱能养听小收音机自然成了排查目标，幸喜他人缘好，也确实没有“扩散”什么不良消息，所以未受到查处，但他却犹如惊弓之岛，赶紧与矿石收音机“拜拜”，转而选择了不声不响的树桩山石为伴。当时，根本找不到有关盆景艺术的书籍，更没有行家指点，即使有此爱好也不敢张扬，怕被说成“玩物丧志”，朱能养只能自己摸索着摆弄觅得的那些小树桩。

老龙探海

教书育人之余，朱能养依然踏遍三山，在峰巅崖边寻寻觅觅。老天不负苦心人，20世纪70年代初的一天，他来到北山，搜寻的目光骤然凝聚在一棵“雀梅”上，只见虬枝横陈，形若蛟龙，绝佳的树桩也！此番惊喜，不亚于发现珍宝或犹如娇儿降生。他赶紧用工具小心翼翼把它连根掘起，又仿佛怀抱婴儿一般，疾速返回住处。然后，他紧闭门户，移桩入盆，再用细铅丝扎枝成形，呵护珍藏。然而，盆景制作是门技艺，倘修扎失当，一旦成形，便再无法挽救，朱能养为此而深感苦恼。

幸喜，他一周半月都要上东山镇中心校学习和开会，随时暗中投师访友，求教技艺。终于，他结识了一位叫叶青的老先生。此老交游广泛，学养深厚，对朱能养十分看好，极愿传授知识，还常带他出门学艺。于是，朱能养有幸跟随叶老先生赴苏州盆景泰斗周瘦鹃家宅，观赏奇花名盆（景），聆听园艺要领，效学处世做人。还一同到木渎古镇，至评弹艺人刘应天处观赏水石盆景，同样获益匪浅。后来，朱能养不仅成了前两位老先生的忘年交，还常与刘应天交流切磋盆景技艺。

至此，朱能养才从感性知识上升为理性知识。逐渐通晓苏派盆景的艺术意蕴和制作规程。原来，觅得原始树桩后，还应去鞠存精加以修剪，其枝蔓成形还须讲究扎法。他以往“土法上马”，显然有误区，扎枝应使用细棕丝，叫“棕扎”。于是，他赶紧将原来的细铅丝全部换成“棕扎”，像现今的树根雕一样精心依样修扎成景。自然，最使他废寝忘食伺弄的是那盆形若蛟龙的雀梅，它遇上朱能养是有缘，朱能养觅到它是有幸。

三山岛是座风光秀丽的湖岛，许多著名画家常上岛写生。著名山水画家亚明，曾在浑然天成的板壁峰前惊叹不已，并作诗曰：“吴越干戈史，此峰可作证；中华今一统，江南享太平。”可以说，板壁峰像座巨型水石盆景。美术大师吴冠中曾带领学生上岛写生，经人介绍去看朱能养的盆景，赞誉那盆雀梅是不可多得的珍品。而最使朱能养感奋不已的是，江苏南京博物院赵风池教授这位知音，特意为“雀梅”赋诗曰：“虬枝横斜出盆口，犹似老龙探海来。”从此，他最钟爱的那盆盆景得名为“老龙探海”。那时只能秘藏不宣，生怕被人作为“资产阶级生活方式”的活典型加以毁灭。

1976年粉碎“四人帮”后，人民扬眉吐气，为了欢庆第二次解放，讴歌新生活，有关部门决定在北京举办全国盆景艺术展览会。吴县有关部门得到通知后，听说三山岛上有盆景珍品可参展，于是委派东山镇领导上岛动员朱能养为吴县争光。正好县里几位老领导倡议在东山雕花楼也举办全县盆景花卉展。朱能养便将《老龙探海》送去展出，在全县收集到的数十盆展品中，《老龙探海》确实不同凡响，力压群芳，品位出众。就这样，该盆景以吴县花木公司的名义（但标明制作人为朱能养），千里迢迢送往北京参展。在全国盆景艺术展上（据说这是全国第一次盆景展），朱能养制作的《老龙探海》，虽非粗枝老杆，却似腾跃欢舞的蛟龙，虬枝劲须自盆口直探盆外，枝长数倍于躯干，造型别致，令观者赞叹不绝。人们惊异，以精巧著称的苏派盆景，竟有如此气势恢宏的作品！《老龙探海》获奖理所当然。

喜讯传来，县里、局里、镇里的有关领导皆向朱能养表示祝贺，赞扬他为吴县赢得了殊荣，同时希望他崇尚集体精神，将北京颁发的奖状留在县花木公司，以便向各级领导和来宾作介绍。朱能养是个荣辱不惊的教书人，他只要奖状上承认是他制作的也就满足了，因为在当时这就叫实事求是，即现在人们常说的“知识产权”。

奇石抱树

《老龙探海》虽在全国获奖，但朱能养依旧做他的三山小学校长，他从未萌生过靠树桩盆景暴富或荣升的奢望。尽管曾有人出天价来收购它，然而他不为所动，依然让它“待字闺中”，钟爱如子女，精心培育，朝夕相伴。

因工作需要，后来朱能养被调至一家校办文化企业搞营销。尽管他走南闯北较辛苦，却开阔了眼界，还常选购一些名花异草带回三山岛，美化家庭盆景园。假日空余，朱能养仍喜爱在山间崖畔转悠，用慧眼去发现值得采集的树桩老根。最使他兴奋的是，有一次他在山头乱石丛中见到一棵非同寻常的狗头榆，不仅形状奇特、粗壮厚重，更令他惊异的是此树桩竟浑然长在怪石中，分不清是树抱石还是石抱树。大自然中，愈是可遇不可求之物愈是难以轻易到手。头一天，朱能养对它简直无从下手，对这样的珍品不能有丝毫伤害，也无法叫家人或旁人帮助。一连 7 天，朱能养像对待珍贵的古化石一般用工具轻刨细掘，精诚所至，金石为开。当此野榆怪石终于与山体分开之时，他喜累交加竟瘫坐在地。与精微的“老龙探海”相比，这是件庞然大物！桩粗石更沉，非一个瘦弱单薄的朱能养可独自搬回家的。然而，将坚如磐石的它剥离山体，却是愚公般的老朱一人所为呵！应该说，它是花木和水石两种盆景的有机化合物，朱能养特意为其冠以《树抱石、石抱树》之名。

在朱能养自家后天井的盆景园里，我不仅看到那棵为他带来殊荣的雀梅盆景《老龙探海》，还看到他的镇园之宝——仿佛天外来客的野榆盆景《树抱石、石抱树》。其体量之大，无现成的盆可容纳，老朱只能用水泥做了一口土盆，而论价值，它最起码应移植于用汉白玉雕成的石盆内。细观其树，形似经磨历劫的壮汉；再观其石，褐赭近墨，一如宇宙陨星的溅落物——可供地质学家考证太湖成因之说。闻讯前来的观赏者众多，向朱能养提出以重金购买者亦不少，当然，还惊动了苏州及吴地主管园林、城建的几位领导。至今，这三山虬枝和奇石仍安居在朱家后园里。其实，不仅这些堪称镇岛之宝的树桩与奇石纹丝未动，就连朱能养往昔从外地带回的杜鹃花等珍品，也还争奇吐艳地绽放在朱家庭院里呢！

将近半个世纪以来，作为人民教师的朱能养，不辞辛劳地为三山岛培养了一代又一代的学生，称得上桃李满天下。作为父亲的朱能养，与老伴一如既往相濡以沫，含辛茹苦地养育了两女一子，为国家输送了有用之才。而作为盆景艺术专家的朱能养，呕心沥血地采集并制作了上百盆形态各异的树桩盆景，其中《老龙探海》进京参展荣获全国奖；而深藏湖岛从未面世的《树抱石、石抱树》盆景，有朝一日走向世界，亦定能为我中华争光，它所蕴含的不屈不挠的民族精神足以创造吉尼斯世界纪录。

◉ 村规民约

三山村村规民约

为了稳步推进我村新农村建设的步伐，进一步推进民主法制建设，维护社会稳定，树立良好的风尚，创造安居乐业的社会环境，促进经济发展，建设社会主义新农村，按照“生产发展、生活宽裕、乡风文明、村容整洁、民主管理”的要求，根据国家相关法律、法规，特制定此章程：

一、村民必须遵守国家法律、法规，自觉完成上级政府下达的各项任务。

二、村民必须按照政府规定，自觉配合好村内基本建设（道路建设、水利建设）以及旅游开发建设；并结合推进社会主义新农村建设和创建先锋村的要求，消灭白色垃圾，杜绝各种违禁药品，对门前屋后实行卫生包干，为大家营造一个良好的生活环境。

三、执行新《中华人民共和国土地管理法》，村民建房必须按照三山岛总体规划，任何人不得擅自买卖土地和宅基地，村民用地建造房屋，必须遵守以下规定：

1. 村民建房必须按照苏州市吴中区人民政府国土资源局有关农村建房的规定，每户主房 100 平方米、附房子 35 平方米，如外墙粉刷必须灰框。本区、本镇、本村户口并持用承包土地人员可享受审批建房；婚嫁外地、不是本村户口、无承包土地的不能享受审批建房。

2. 建房必须先申请，经村、镇认可，符合条件的领表填写并报上级审批，批准后方可建造，未批先建属违章建筑，村民委员会将予以制止，制止无效，违章建筑给予拆除。楼房加层需有关部门批准，未经批准不得擅自加层，否则按违章建筑论处。批准加层的，层高不超过三层，檐口不超过8米，超出部分，村民委员会同相关部门将予拆除。

3. 建房的宅基地需按村的整体规划安置在规划区内，并由村负责管理建房人员会同相关部门进行钉桩、确定房屋面积。

4. 为改善生活条件，原有房子因周边环境受影响不能翻建的需择地新建，原有老房子应拆除，并写承诺书保证拆除，拆除后方可建新房。如不拆除则由村里派人拆除，该户承担相关费用，从建房押金中扣除。

5. 村民建房的宅基原则上原地翻建，除有价值（明清建筑必须有文管单位出具证明）不能拆除或几家合住大户不能拆的，村将视具体情况给予安排。

6. 村民新建房必须在村的规划区内建造，宅基地地块由村民自己协调或村给予安排，且必须支付相关费用。

7. 村民提出建造新房子后要进行核实是否有违章建筑或现有房子出租，如有此类情况不予审批。

四、村民必须自觉遵守政府的有关法律、法规，协助村委会做好治安、调解、联防、防火和历史文物保护等各项工作，打击犯罪活动，保障社会稳定。

五、严禁破坏公共设施，如道路、湖岸、绿化、路灯、桥梁及标志等设施，违者按相应价值给予赔偿，情节严重者按相关部门有关规定处理。

六、保护山林绿化、花果树木和维持植物的多样性，这是三山旅游发展之本，严禁上山采挖竹笋草药，严禁砍伐树木，山林防火人人有责。对造成山林火灾或砍伐山林树木者，按情节轻重进行处罚或交司法部门处理。

七、为争创先锋村，加快社会主义新农村建设，人人争做合法村民，户户争创五好家庭；对民事纠纷，按谁先动手谁负责的原则处理。

八、禁止家禽、家畜满地放，对放养的家禽、家畜损坏果木绿化，践踏农作物的，村民有权对饲养户提出合理的赔偿，对于拒不赔偿者，可作无主家禽、家畜处理。禁止在公共场所堆放虾笼，乱堆乱放、乱占村道将给予清除，因堆放虾笼造成交通事故的，对虾笼拥有者应负相应责任。

九、村民丧葬必须按照村规划指定的地点安葬，违者按镇、村有关规定处理。

十、根据国家土地承包法相关规定，对承包地上原有果树给予合法保护，任何人不得侵犯。村民承包土地属集体所有，可以在承包地上调换有价的经济作物，严禁荒废耕地，对荒废耕地者责令限期复耕，并报相关部门依法收取抛荒费，不允许擅自改变土地的用途，更不能乱搭乱建和私自买卖有关集体的土地。如私自买卖土地，发生矛盾，村里不予调解，集体有权收回双方的承包土地。对承包后新种果树要文明种植，以地为界，不得占用邻居土地与空间，以免发生纠纷（地界应按地坎、地沟，平地按两树中间折中）。对集体征用过的土地或果树任何人不得占用。为保护承包者的合法利益，严禁乱采果子，对偷吃他人果子者，以情节轻重教育或处理。

十一、本村各家庭户、农家乐要自觉爱护环境，门前屋后保持美观整洁，有乱堆乱放，影响村容村貌的现象，应及时整改，拒不履行整改义务，村里有权处理。屡教不改，蓄意乱堆乱放影响村容村貌，影响公共利益的，村里有进一步追究相关责任人的权利。

十二、文明经商，公平竞争。农家乐餐饮服务讲的是诚信，凭的是良心，农家乐应采购符合国家食品安全的原材辅料来生产经营，价格竞争要坚守底线，不得偷工减料，以次充好，或用其他方式方法以牺牲消费者利益为代价的恶性竞争。

十三、农家乐客人唱歌跳舞等噪声较大的活动，村里原则上按照《中华人民共和国环境噪声污染防治法》的相关规定依法处理，严格控制噪声污染，农家乐四邻皆为农家乐经营户的，参照居住、商业、工业混杂区，昼间 60 分贝、夜间 50 分贝的国家标准执行；农家乐周边有普通家庭户的，参照居住、文教机关为主的区域，昼间 55 分贝、夜间 45 分贝的国家标准执行；为便于常规管理，结合本村实际，通常以时间点为调整机制，即农家乐唱歌跳舞等娱乐活动，以夏季 22：00、冬季 21：00 为时间节点，如遇特殊情况，游客确需延长时间的，应该征得四邻同意并无异议的情况下进行，农家乐应尽量控制音量。如发生矛盾，经调解无效，任何一方均可提请村里进行噪声检测，或委托权威机构进行噪声检测，未违反法律规定，检测费用由提出人承担，检测结果违反法律规定的最高上限，无论谁提出，检测费用均由农家乐承担，并承担环保部门作出的行政处罚和承担有关民事赔偿的责任。

十四、农家乐应积极做好游客引导工作，敦促游客不损害村民利益，如不要擅自采摘村民花果，不要擅自去拿村民禽舍内的鸡蛋鸭蛋等，以免发生矛盾。引导游客爱护公共设施，如损坏公共绿化、路灯、健身器材等。

十五、各农户、农家乐要积极响应村委号召，配合村委积极做好迎接各项检查的布置工作，如安全生产工作、森林防火、清洁卫生等工作。

十六、费用的上缴，如清洁卫生费等，村民应积极配合村委及时上缴各类费用。

十七、违反本村村规民约的，除触犯法律由相关部门处理外，村民委员会可做如下处理。

1. 予以批评教育。

2. 责令其恢复原状或作价赔偿。

3. 取消享受或者暂缓享受村里的各种优惠待遇。

十八、凡违反本村村规民约要进行处理的，必须在调查核实后经村两委集体讨论决定，不得擅自处理。

十九、凡被依法处罚或违反本村村规民约的村民，在本年度不参评先进文明户、五好家庭及年终享受优惠待遇，在本村居住的外来人员参照本村村规民约。

二十、如本村规民约与国家相关法律、法规相抵触的，按国家规定执行。

三山村村民委员会

2015 年 2 月

◉ 主要参考文献

1. 谭其骧主编：《中国历史地图集》，中国地图出版社，1982 年。

2.〔明〕卢熊撰：《(洪武)苏州府志》，台湾成文出版社，1983 年。

3.《(成化)湖州府志》，日本藏中国罕见地方志丛刊，书目文献出版社，1991 年。

4.〔清〕李铭皖等修，冯桂芬纂：《(同治)苏州府志》，江苏古籍出版社，1991 年。

5.〔清〕于琨修，陈玉璂纂：《(康熙)常州府志》，江苏古籍出版社，1991 年。

6. 李根源、曹允源纂：《(民国)吴县志》，江苏古籍出版社，1991 年。

7. 王卫平：《论太湖地区文化重心地位的确立》，《史学月刊》1993 年第 4 期。

8.〔清〕金友理撰：《太湖备考》，江苏古籍出版社，1998 年。

9. 史念海著：《中国的运河》，陕西人民出版社，1998 年。

10.〔宋〕范成大撰，陆振岳点校：《吴郡志》，江苏古籍出版社，1999 年。

11. 张剑光、邹国慰：《略论唐代环太湖地区经济的发展》，《苏州大学学报(哲学社会科学版)》1999 年第 3 期。

12.《东山镇志》编纂委员会编：《东山镇志》，东南大学出版社，2002 年。

13.[美]黄仁宇著：《明代的漕运》，新星出版社，2005 年。

14. 傅崇兰著：《中国运河传》，山西人民出版社，2005 年。

15.〔西汉〕司马迁撰：《史记》，中华书局，2006 年。

16.〔东汉〕赵晔撰，张觉校注：《吴越春秋校注》，岳麓书社，2006 年。

17. 董文虎等著：《京杭大运河的历史与未来》，社会科学文献出版社，2008 年。

18. 戈春源：《运河始段在今苏州考》，《苏州科技学院学报(社会科学版)》2010 年第 4 期。

19. 董楚平等著：《广义吴越文化通论》，中国社会科学出版社，2012 年。

20. 刘托、马全宝、冯晓东著：《苏州香山帮建筑营造技艺》，安徽科学技术出版社，2013 年。

◉ 编纂始末

《中国名村志丛书·三山村志》在结构上符合中国名村志文化工程统一的框架和篇幅要求，内容上立足于三山的“名”与“特”，略去普通一般性内容，取消地方志常规设置的“大事记”，将发生在三山的重大事件设“大事纪略”记述。为展示三山独特的古村、古街、古巷、古建筑风韵，彰显三山深厚的历史文化底蕴，力图运用通俗易懂、生动活泼的语言，全面介绍三山村的精彩之处，引领读者前往旅游观光，在那里可游，可看，可怀古，可探幽，可选购富有特色的物产，也可领略到当地的民俗风情。

《中国名村志丛书·三山村志》的编纂出版，得到了中国地方志指导小组及其办公室、江苏省方志办、苏州市方志办、吴中区方志办和东山镇党委、政府的高度重视，也得到了苏州市朱红、叶正亭、周国荣、尹平、吴靖宇、朱军、秦伟根、鲍建国、郑思年、孟宇轩、戚振林等诸多专家学者们的悉心指导，并提供资料和图片。书中引用了部分已经出版或发表的关于三山历史、文化、艺术、科学的专著、志书、文章的相关资料，在此表示诚挚的谢意和衷心的感谢！

由于时间紧促，又限于经验和水平，错误不妥之处，敬请专家学者和广大读者予以批评指正。

编　者

2017 年 9 月

泽厥延绵